T0283040

100 IDEAS
DE NEGOCIOS PARA
ARRANCAR HOY

100 IDEAS DE NEGOCIOS PARA ARRANCAR HOY

Innovación, tendencias y el futuro
del emprendimiento

Carlos Master Muñoz

Grijalbo

El papel utilizado para la impresión de este libro ha sido fabricado a partir de madera
procedente de bosques y plantaciones gestionadas con los más altos estándares ambientales,
garantizando una explotación de los recursos sostenible con el medio ambiente y beneficiosa para las personas.

100 ideas de negocios para arrancar hoy
Innovación, tendencias y el futuro del emprendimiento

Primera edición: agosto, 2022

D. R. © 2021, Carlos Muñoz 11

D. R. © 2022, derechos de edición mundiales en lengua castellana:
Penguin Random House Grupo Editorial, S. A. de C. V.
Blvd. Miguel de Cervantes Saavedra núm. 301, 1er piso,
colonia Granada, alcaldía Miguel Hidalgo, C. P. 11520,
Ciudad de México

penguinlibros.com

ISBN: 978-607-381-700-4

Impreso en México – *Printed in Mexico*

Índice

Prólogo   13

Prefacio. Estábamos a punto de entrar en el Apocalipsis   15

Introducción.   19

PARTE I
Innovar para salvarse

Innovar en cinco pasos.   29

Innovación *low cost*   31

Cómo elegir la idea correcta   43

PARTE II
100 ideas de negocios

Wellness   53

Métele el diente a la carne sin carne.   54

Profesionaliza los cuidados del hogar   56

Crea una *dark kitchen* y ve la luz   58

Dale una vuelta a la economía   61

Tírale un hueso al mercado de las mascotas   63

Keep calm e invierte en cannabis   65

Vuélvete un hacker (biológico)........................ 67

Alucina un negocio con psicodélicos................... 69

Cepíllale los dientes a otro 71

Conviértete en el mercader de las flores eternas......... 72

Lleva el grano del cafetal a la lata 75

Capitaliza la risa.................................... 76

Crea un gimnasio digital............................. 77

Vuélvete agricultor de huertas verticales............... 79

Ayuda a crecer la masa muscular de los atletas 81

Échale baldes de agua fría a la gente 82

Hazte rico con la rabia ajena.......................... 84

Explota la mina de oro verde 85

Ve directo al grano.................................. 86

Ayuda a detectar el cáncer de mama 87

Alquila tus *sneakers*................................. 89

Salva una vida (o millones)........................... 91

Lleva la vida adonde se necesita 93

Pon las consultas médicas a un clic de distancia 95

Resucita los muebles muertos......................... 96

Éntrale a los superalimentos y obtén superrendimientos. 98

Métete en la casa de la gente......................... 99

Alimenta a un vegano................................ 102

Échate una chelita, aunque sea sin alcohol 103

REDES SOCIALES, MARKETING Y ENTRETENIMIENTO................. 107

Construye un museo para las redes sociales 108

Crea la primera academia TikTok...................... 109

Haz contenido digital y rómpela...................... 110

Deja que la gente opine 113

Dales a los niños algo por qué esperar................. 115

Sube tu contenido a Spotify 116

Prueba tus productos en TikTok 118

Sácale partido a la partida. 120

Conviértete en un *crack* del MKT digital. 122

Reivindica la tinta y el papel. 123

Haz que la gente no tenga que volver a preguntarse

«Y... ¿qué veo hoy» 125

Exprímele el jugo a las marcas personales 126

Crea *VTubers* para empresas. 128

Véndeles jugando. 129

Conviértete en estrella de cine

(o al menos de su producción) 132

Vuélvete el as del contenido exclusivo 134

Innovación y tecnología 137

Exporta *know-how* barato. 138

Crea una experiencia virtual a medida 140

Crea robots que lo hagan todo. 142

Aprende a predecir el futuro. 143

Comercializa datos 144

Deja que Alexa te lleve 146

Que nunca más te digan «*Game over*» 148

Juega con la voluntad de la gente 149

Despide a los repartidores de pedidos 151

Entrena en São Paulo aunque estés en Helsinki 152

Rentabiliza el metabolismo de la gente 153

Ayuda a que las personas escapen a su realidad 156

Ve en *autopilot* 158

Vende eficiencia 160

Échate a rodar. 161

Conviértete en centinela digital. 163

Facilítale el trabajo al gobierno 164

Vuélvete un ángel de la contratación 166

INVERSIÓN, *E-COMMERCE* Y CONSULTORÍA 169

Consigue los clientes que otros no pueden 170

Conviértete en *headhunter* de asistentes virtuales. 172

Crea un negocio *B2C* (sí, otro) 174

Vuélvete un hacedor de experiencias. 176

Invierte en litio 177

Invierte en personas, literalmente. 180

Compra marcas y hazlas crecer 182

Reinventa la casa de empeño 184

Pégate al negocio de otro 185

Ve lo que nadie ve 188

Métele el 4x4 190

Piérdele el yuyu al negocio de la muerte 192

Invierte en grande en empresas chicas 193

Tunea tu coche 195

Inventa la guardería del futuro 197

Vuélvete consultor de *M&A* para pequeños negocios 198

Compra barato y vende caro. 200

Márcate un pase-gol 202

Enseña, *teach, enseignez, lehren,* 教える 203

Lleva el sarape de Coahuila a la cesta de Amazon 205

Capitaliza lo obsoleto 206

Ayuda a la gente a entender el mundo cripto 209

Toma el rol de propietario. 210

Inventa el mejor regalo corporativo 211

Vende tu pasado. 213

Controla el sistema operativo de las empresas 215

No les des el pescado, enséñales a pescar. 216

Adopta un turista. 217

Hazte ladrón de ideas 218

Conviértete en un carroñero de inmuebles 219

Vende negocios de *e-commerce* 221

Celebra tu inversión con el mejor vino 222

No juzgues a las parejas sin hijos, mejor véndeles cosas . 225

Capitaliza el *home office* 226

Identifica el fallo. 227

Nota final. 229

Bonus. Tres claves del emprendedor exitoso. 233

Agradecimientos 235

Bibliografía 237

Prólogo

El 2 de octubre de 2020, en mitad de la pandemia, me compré un kit de micrófono de USB, en ese momento, y hoy, parecía que todo mundo tenía un podcast. Chumel Torres escribió alrededor de esas fechas: «Hay más mexicanos con podcast que vacunados [contra el covid]». Yo aún no estaba vacunado, pero quería hacer un podcast.

Aún no sabía bien cómo conectar el micrófono cuando me incluyeron a un grupo de WhatsApp, «Ideas de Master Muñoz» era el título. Muñoz quería hacer un podcast y la idea era hacerlo juntos, él, el Capi y yo. Maté dos pájaros de un tiro, podía empezar el podcast, y habría alguien que me ayudaría a conectar el micrófono.

Así nació *Donde está la oportunidad*, un podcast que no tenía (y sigue sin tener) un formato claro, pero sí un objetivo sencillo: compartir una plática entre amigos hablando informalmente de lo que solemos hablar: ideas de negocios y anécdotas alrededor del tema. No sé si resultó lo que queríamos, pero el viaje ha sido increíble. Hemos aprendido de muchos temas, hemos conocido a gente interesante como Daniel Vogel (Bitso), Juan Pablo Ortega (Rappi), Antonio Peláez (Dapp), Andreu Cors (Gava Capital), Rene Lankenau (Whitepaper), Luis Ibarra (GM Ajedrez) y muchos más.

Más de un emprendedor se ha inspirado en nuestro podcast y éste, incluso, ¡ha sido la mejor agencia de reclutamiento que hemos tenido! Víctor Vega, hoy nuestro socio y líder de Acompania, llegó a nosotros a través de un correo de felicitación por el podcast. Y Milthon Valenzuela, nuestro líder de proyecto de IFC, igual, llegó a través de otro mensaje que nos escribió tras escucharnos en sus audífonos un día mientras corría. Horacio Canales, nuestro CTO, también se incorporó al equipo tras atender nuestro llamado de alguien con su perfil en uno de nuestros episodios.

Aunque a veces estoy cansado, la mejor parte de mi semana es sentarme esos cuarenta y cinco minutos a platicar y a reírme de temas con los *co-hosts* de *Donde está la oportunidad*. Agradezco que alguien del otro lado lo considere al menos medianamente interesante como para escucharlo, o suficientemente efectivo como para conciliar el sueño, y de cualquier forma siempre, o al menos hasta hoy, ha sido divertido hacerlo.

Carlos se encargó de hacer este libro basado en un compendio de las muchas ideas y negocios que hemos platicado y revisado en estos ya quince meses de grabaciones. Si al menos un párrafo sirve de inspiración para alguien en algún rincón de Latinoamérica, comprobaré, una vez más, que tantas tardes de grabación han valido la pena.

RICARDO MORENO
Co-host del podcast *Donde está la oportunidad*
Marzo de 2022

Prefacio

Estábamos a punto de entrar en el Apocalipsis

No puede haber una crisis la siguiente semana.
Mi agenda ya está llena.

HENRY KISSINGER

El lunes 16 de marzo de 2020 vi el amanecer por la ventana de un hotel de Times Square en Nueva York. Me había levantado antes de las seis de la mañana para revisar los pendientes de la semana y contestar correos y mensajes. En ese momento no me percaté de lo solas que se veían las calles. Sumido en mis labores, no podía sospechar —nadie podía hacerlo— lo que estaba a punto de ocurrir: Manhattan declararía el toque de queda por la alerta sanitaria del covid-19 y lo mismo harían pronto las demás ciudades y pueblos del mundo, si es que no lo habían hecho ya. Estábamos, como entendí horas más tarde, a punto de entrar en el Apocalipsis.

Estaba en Nueva York para liderar un evento con más de cien emprendedores de todas partes del mundo, y ese lunes tenía agendada una de las sesiones más importantes de todo el programa. Los emprendedores podrían conversar con Seth Godin, autor, mentor, emprendedor y una de las mentes más chingonas del marketing en la actualidad.

La sesión no comenzaba sino hasta el mediodía, así que tenía tiempo de sobra para desayunar y pasear un rato con mis hijos y esposa, quienes habían venido conmigo. Salimos del hotel poco después de las nueve y fuimos a buscar una cafetería para desayunar. Cuando llegamos a la Séptima Avenida, nos sorprendimos, pues estaba casi vacía. «Será el frío», dijo mi esposa, y nos metimos a un *diner* cualquiera.

Esperando la comida, mientras imaginaba la dinámica del encuentro con Seth, sonó mi celular. Era él. Salí de la cafetería para tomar la llamada.

—¡Seth, buenos días!

—Carlos, hola, tenemos que cancelar la reunión —dijo con algo de urgencia.

—¿Por qué, Seth? —le pregunté, más preocupado por que algo le hubiera pasado que por otra cosa.

—Acabo de hablar con el jefe de la Policía de Nueva York y me dijo que están por cerrar todo Manhattan a causa del virus —me respondió Seth, esta vez pausado, pero firme.

Ya no me acuerdo cómo terminamos la llamada exactamente. Sé que dijimos algo como «la seguridad primero», nos lamentamos por no poder vernos y quedamos de hablar días después para reprogramar la reunión.

«¿Cerrar todo Manhattan?», pensé luego de colgar. Miré a mi alrededor, de vuelta a las calles y a cada una de las esquinas casi abandonadas. Todo era silencio. Entonces era cierto: ese virus que hasta hace unos días se percibía como «una gripa corriente casi sin importancia», escalaba rápidamente al tamaño de «pandemia».

Después de unas horas de crisis y contención, luego de investigar más sobre el virus y las acciones de los gobiernos del mundo, mi equipo y yo decidimos que lo más sensato sería volver a casa antes de que cerraran las fronteras. Como algunos de los participantes habían venido de lugares en los que ya habían cerrado el acceso y yo me sentía responsable, esperé hasta que el último pudo partir de regreso y entonces volé de vuelta.

En el avión de regreso, comprendí que lo que acababa de comenzar no sería algo simple ni pasajero. Sería eso que el autor Nassim Nicholas Taleb llama un «cisne negro», esto es, un evento súbito e inesperado que termina por fracturar uno o varios de los sistemas de una sociedad.

Pensé en cómo sufriría mi negocio a causa de las medidas de seguridad que se estaban aplicando para contener el virus; había leído lo suficiente para saber que le darían en la madre a mis eventos presenciales. Pensé también en la inminente desaceleración en la economía mundial y recordé las palabras de uno de mis mentores, quien me dijo una vez: «En una crisis tienes que trabajar el triple para conseguir 75% del resultado previo, pero no importa, ¡muévete, reinvéntate!». En esa ocasión le pregunté: «¿Y en qué trabajo el triple?». «Tienes que volver a tu organización la más ágil del planeta. En una crisis hay menos oportunidades para la misma cantidad de organizaciones y personas talentosas, por lo que sólo a las más ágiles les alcanzará alguna», dijo. Es decir que esto es como el juego de las sillas que jugábamos de niños: cuando se detiene la música y no hay suficiente lugar para todos, si no te mueves rápido, tres veces más rápido que el resto, te quedas sin silla.

Gracias a esa plática y a otras cosas, yo me había preparado mentalmente para la posibilidad de una crisis a mediano plazo; así de hecho lo decía en mis eventos antes de 2020. De modo que la crisis no me tomó del todo por sorpresa, sólo estaba esperando a verle la cara al cisne negro, a esa primera ficha del dominó que terminara con todo lo que habíamos construido. Y ahora ya podía ponerle nombre: coronavirus. La siguiente pregunta era: *¿Cómo puedo hacerle frente a esta crisis y salir ganando?* La respuesta sigue siendo una: INNOVANDO.

Si mi éxito en los negocios radicaba en mi capacidad para crear nuevas fuentes de ingreso con base en las tendencias del futuro, tenía que aprovechar el momento de la crisis para hacer eso mismo y lo hice. Como resultado, en lugar de perder dinero, viví el mejor año de mi vida en términos financieros. **La innovación salvó mi vida y la de mis negocios en aquel año que para muchos fue nefasto.** Y si tú entiendes eso, algo parecido te pasará a ti. Para eso he escrito este libro.

Introducción

¿Un libro más de innovación? Si te estás preguntando esto, la respuesta corta es: sí, pero no. En realidad éste NO es sólo un libro de innovación. Los autores que escriben sobre este tema por lo general hablan de casos históricos de éxito o fracaso, pero este libro no hace eso. Por el contrario, aquí miramos al futuro. Mi objetivo es dejarte varios pájaros volando en el aire, con la esperanza de que agarres uno y nos ayudes a ver cuál es el siguiente negocio que cambiará nuestra vida y transformará la sociedad.

Sí te hablaré de innovación en una primera instancia, pero después lo que voy a hacer es vomitarte 100 ideas de negocios que te ayuden a ver como yo o, por lo menos, a ampliar tu perspectiva sobre las posibilidades que tienes para ser exitoso en un negocio. No necesito que te decidas a ejecutar alguna de las ideas que te propongo, pero sí que salgas de aquí pensando en ellas y en las múltiples variantes que ofrecen. Ahora bien, si eres de los que se preguntan si el mundo necesita más ideas, por favor lee la siguiente historia.

En diciembre de 2021, tras un largo proceso de reflexión y pláticas con personas de confianza, decidí apartarme de las redes sociales. Me había saturado de la toxicidad de las opiniones y había sufrido un par de tropiezos en mi estrategia de comunicación, los cuales me hicieron ver que necesitaba un respiro. Decidí anunciar mi retiro con un video corto, honesto, en el que dije que no sabía cuándo iba a volver. La verdad, lo hice sin esperar nada a cambio, con la única intención de avisarles a mis seguidores, pero lo que sucedió después me movió hasta la médula.

En cuanto mi equipo publicó el video en todas mis cuentas, recibí cientos de mensajes escritos por todo tipo de emprendedores. Tantos, que inundaron los buzones de Instagram, LinkedIn, TikTok y Facebook. Casi todos querían lo mismo: que volviera. Cada uno a su manera me explicaba (algunos con el corazón en la mano) que mi contenido de alguna u otra forma le había ayudado en su vida, en su emprendimiento, y que todavía le faltaba mucho por hacer y por aprender. Entre toda esa cantidad de mensajes, hubo algunos que me llamaron especialmente la atención: los de algunos emprendedores que habían tomado una de las ideas de negocio expuestas en mi podcast *Donde está la oportunidad*, y habían salido al mundo a ejecutarla.

Uno de ellos era Juan José Ramírez, un abogado de Ecuador que en un episodio nos había oído hablar a mi socio Ricardo Moreno y a mí sobre la gran oportunidad de mercado que veíamos en «tokenizar» acciones y había arrancado ese negocio unas semanas después, con tanto éxito que luego apareció en la revista *Forbes* como líder de una empresa relevante en el futuro de la región. En palabras suyas, haber escuchado esa idea cambió por completo su trayectoria de vida.

Al ver el impacto que el podcast había tenido en Juan José y en tantas otras personas, quise amplificar ese efecto (ya me conoces, me gustan las cosas a todo dar) y decidí juntar las mejores ideas de *Donde está la oportunidad* en un solo libro para que puedas analizarlas, releerlas y volver a ellas cuando tenga más sentido, quizá en el futuro cercano.

Este libro es, pues, para los Juan José Ramírez del mundo. Para todas aquellas personas que están buscando una idea de negocio chingona con la cual echarse a andar y lanzarse a emprender finalmente. A diferencia de otros textos que he escrito y que circulan en las librerías, más que una guía tipo «paso a paso», con estas páginas quiero inspirarte y echarte la mano para que logres ir más allá de lo que crees posible. Quiero que entiendas que existen posibilidades infinitas cuando se trata de crear negocios y que no hay que quedarse en el camino de lo seguro cuando hablamos de emprendimiento. Recuerda que muchos de los negocios más sólidos y rentables de la historia partieron de ideas locas, ridículas, estrambóticas. Partieron de una persona que se preguntó: *¿Qué pasaría si...?*

Sí, ya sé que puedes estar pensando que «las ideas no valen nada, lo que vale es la ejecución». ¡Y es cierto! La ejecución, sin duda alguna, es lo que vale. Sin embargo, déjame contarte algo: en mi experiencia con emprendedores de todo tipo he visto desfilar a miles de personas que no logran iniciar —mucho menos despegar— su carrera en negocios propios porque no han dado con la idea, la llave que pueda abrirles la puerta al exclusivo mundo del emprendimiento. Se tienen confianza, saben que pueden lograr grandes cosas, tienen el «*drive*», la disciplina, las herramientas, es decir, todo. O casi todo. Pero les falta una sola cosa: una idea ganadora. Si tan sólo alguien se la diera, seguro que podrían explorar su potencial…

Y entonces, *¿en dónde se encuentra la maldita llave?* Aquí. En este libro. De hecho, aquí tienes cien. No una, sino CIEN ideas de negocio para que no le pongas más pegas y tengas de dónde escoger. Ni te molestes en hallarles una lógica ni en ordenarlas por nivel de importancia, porque no hay tal. Tómalas como lo que son: oportunidades. Ideas variadas y variopintas que responden a necesidades distintas, algunas de ellas todavía inexistentes, y se inscriben dentro de ámbitos diferentes.

Ahora bien, no vayas a creer que porque éste es un libro de ideas y tú tienes ya tu negocio, entonces no te sirve para nada. Por el contrario, estas páginas también son indispensables para ti. ¿Por qué? Porque si quieres ser exitoso de verdad en los negocios tienes que convertirte en un emprendedor serial. Es decir, seguir mejorando lo que ya tienes mientras buscas cómo diversificar, sumar a tus negocios unos nuevos y así ir creciendo y expandiendo. Mira a Netflix, por ejemplo. Al principio era una empresa que se dedicaba a enviar DVDS a domicilio. En su momento era un modelo disruptivo porque eliminaba los famosos cobros por entrega tardía que tanto dinero le habían hecho ganar a Blockbuster. Ahora mucha gente ni recuerda que Netflix hacía eso, porque, evidentemente, es la plataforma dominante en *streaming*. Pero, cuidado, eso es hoy. Mañana, quién sabe a qué se dedicará.

Lo mismo pasó con Amazon, que empezó como una tienda de libros para después convertirse en la tienda de todo. Y lo más increíble es que su mayor ingreso no viene ni siquiera de vender de todo. Hoy su negocio principal es AWS (Amazon Web Services), que se dedica a la renta de servidores. ¿Sí ves a dónde quiero llegar? El ADN de una empresa exitosa es ése: estar siempre buscando la siguiente idea. Se comporta como si hoy fuera su día uno: tiene las mismas ganas de innovar y crecer. Por eso este libro también te sirve si ya tienes un negocio. Porque los que nos consideramos emprendedores seriales sabemos que aún quedan muchos negocios por crear.

Entonces, sea que ya tengas un negocio, varios o estés en busca de tu primero, este libro es para ti. Y sus intenciones son tres, fundamentalmente:

1. Soltarte un chingo de ideas para que veas que hay oportunidades por todos lados y que sólo debes tener visión, creatividad y la sangre fría para aventarte a ejecutar alguna.
2. Que dejes de pensar en crear un negocio y entiendas que tu misión como persona emprendedora es la de crear una cadena de negocios; imaginar, diseñar y fabricar nuevos emprendimientos todo el tiempo.
3. Sacudirte y hacer que te empapes de las tendencias que presenta el mundo hiperhíbrido postpandemia en el que estamos metidos.

Como he dicho, no espero que tomes una de las 100 ideas que te presento en este libro. Me basta con abrirte los ojos y removerte los límites mentales. Lo que quiero es que sueñes. Que imagines lo imposible. Y luego también quiero que pongas los pies en la tierra y seas práctico; que pruebes tus locuras sin arriesgar tu capital y tu negocio, que pruebes a lo *low cost*, por eso también dedico varias páginas a hablar sobre este tema.

Porque así es como se innova: con la mente abierta, un pie en el mundo de las ideas y el otro, en el de los seres vivientes.

Parte I

Innovar para salvarse

Hay un concepto de Wayne Gretzky, el exjugador de hockey, que me parece perfecto para explicar la innovación. Alguna vez le preguntaron por qué era tan buen jugador y él respondió que era porque nunca patinaba hacia donde estaba desarrollándose la jugada en un momento determinado, sino hacia donde iba a llegar el disco. ¿Se entiende? **Lo importante no es tener el foco en lo que está pasando en este momento, sino en las nuevas oportunidades que eso que está pasando va a generar más adelante.**

En otras palabras…

Innovación = dinamismo

Ése es el mensaje importante. Está claro que debes ser proactivo, pero eso no te servirá de nada si no sabes reinventarte brutalmente y acelerar el proceso de innovación para responder a los cambios que día a día se dan en el mundo. Porque así como la jugada en un partido de hockey puede cambiar de un momento a otro, así también cambia nuestro entorno. Si no, mira cómo se transformó todo de repente a partir de la crisis sanitaria de 2020. Y no se trata de ser adivino, sino de tener visión, de probar y apostar hacia donde se van a mover las cosas. Para que te des una idea, en los días que siguieron de los primeros avisos de cuarentena, con mi equipo liberamos al mercado un total de diecisiete iniciativas, todas basadas en lo que nos imaginábamos que podía ocurrir (durante 2019 pusimos en marcha muchísimas menos ideas).

Durante el año que muchos emprendedores tacharon como el peor de sus vidas, a mí me fue como nunca. Y lo que me salvó fue la innovación. Ésta y otras muchas experiencias como emprendedor y mentor de emprendedores me han llevado a redefinir la forma de hacer negocios. He convertido cada crisis a la que me he enfrentado en motivación para innovar, dar rienda suelta a la imaginación y apostar por las posibilidades infinitas. Para mí, una empresa es una máquina de innovación. Y el motor para implementar esa innovación es la **agilidad estratégica**.

¿A qué me refiero con eso? A la capacidad que tiene la empresa para moverse, adaptarse y responder a un entorno cambiante, teniendo en mente un propósito claro. Para innovar de manera efectiva es necesario que seas rápido al momento de cambiar procesos de gestión o estructuras de trabajo.

Las cualidades de una empresa ágil

1. Transformación
2. Disrupción
3. Reinvención
4. Anticipación
5. Descubrimiento de nuevas formas y procesos

INNOVAR EN CINCO PASOS

La innovación es un proceso, no un golpe de suerte. No es la magia de un genio creativo, sino más bien un camino bien definido y, por lo tanto, capaz de acelerarse. A continuación te comparto un modelo simple para que entiendas este proceso:

¿QUÉ TENDENCIAS VEO EN EL FUTURO?

¿TIENE SENTIDO FINANCIERAMENTE? ¿CUÁNTO CUESTA?

FOCO — APRENDIZAJE — VALOR — REALIDAD — EXPERIMENTACIÓN

Público herramienta — Canvas de futuros — Propuestas de valor — Esqueleto financiero — Pretotipo

¿A QUIÉN SIRVO? — ¿QUÉ PROBLEMA CLAVE OBSERVAMOS DONDE PODEMOS CREAR VALOR? — ¿CÓMO RESUELVO UN PROBLEMA CONOCIDO? — ¿TIENEN SENTIDO LOS NÚMEROS DEL NEGOCIO? — ¿CÓMO PUEDO EXPERIMENTAR DE LA FORMA MÁS BARATA?

Veamos cada paso en detalle:

1. **Foco:** enfócate en entender quién es tu mercado. Estúdialo. Vive la vida a través de sus ojos. Debes detectar necesidades, problemas y sobre todo adelantarte a necesidades que ni siquiera él sabe que tiene.
2. **Aprendizaje:** lee los cambios en el mercado y cómo afectarán al futuro. El mundo después de una crisis pide (exige)

que lo conozcas. El contexto cambia y debes reconocerlo. Es probable que debas descartar conocimientos que tomabas por válidos porque ya son obsoletos. Tienes que volverte un estudioso de nuevas tendencias y tecnología. La innovación sucede en la intersección de un problema conocido y una nueva tecnología.

3. **Valor:** atrévete a imaginar nuevas soluciones. Inventa. No hay malas ideas aquí. La velocidad con que generes ideas debe ir acompañada de una propuesta consistente que agregue valor concreto a lo que ya existía, quizá un nuevo producto, servicio o unidad de negocio.

4. **Realidad:** pasa de las ideas conceptuales a realidades de un negocio. Hay que materializar la idea en algo concreto que pueda medirse.

5. **Experimentación:** busca claridad en la evaluación de los experimentos. Prueba las ideas para ver si funcionan, si son viables y aprende de los experimentos. Cada prueba es una posibilidad de mejora, de reinventarse, de agregar valor. Hazlo de la manera más barata que se te ocurra.

En resumen, el recorrido de la innovación empieza por entender bien a quién servimos y anticipar las tendencias del futuro para encontrar nuevas propuestas de valor, darles fórmulas financieras que tengan sentido y posteriormente experimentar de la forma menos costosa posible.

Para efectos de este libro, en las páginas que siguen me voy a concentrar en esto último, en la innovación *low cost* o, dicho de otro modo, en cómo puedes aprender a experimentar barato, pues para implementar cualquier idea que elijas, de este libro o de donde sea, vas a necesitar probarla antes de implementarla. De la capacidad que tengas para hacer esto dependerá en gran medida el éxito de tu emprendimiento.

INNOVACIÓN *LOW COST*

Luego de unos meses encharcados en la pandemia de covid-19, un emprendedor dueño de un gimnasio me mandó un mensaje para decirme que ya no podía más, que su negocio llevaba meses cerrado y estaba a punto de quebrar. Según él, ya no había nada más que hacer, su única opción era vender los aparatos y pedir dinero prestado para pagar rentas y sueldos pendientes.

En esa misma semana, me escribió otra emprendedora también de la industria del *fitness* con una historia completamente opuesta: cuando comenzó la crisis y vio que los gimnasios empezaban a cerrar, se puso a vender equipo para hacer ejercicio en casa. Lo hizo primero sin presupuesto y vendiendo el propio equipo de su gimnasio, pero sabía qué era lo que se tenía que hacer para afrontar la crisis. El resultado: estaba vendiendo tanto pero tanto, que necesitaba ayuda para encontrar nuevos proveedores y así dar abasto. La forma en que esta mujer escaló su negocio me llamó la atención y quiero compartirla contigo porque es el ejemplo perfecto de cómo experimentar de forma segura, sin gastar mucho dinero.

Esta emprendedora comenzó su negocio vendiendo mancuernas de dos a cinco libras porque eran fáciles de cargar y enviar, además de que el costo de cada pieza era barato.

Vendió primero las que tenía en su gimnasio (usadas) y después compró las de su competencia.

Al ver que sus clientes le pedían más variedad, empezó a vender mancuernas y pesas de más libras y después, casi semana a semana, fue ampliando su oferta de productos y añadiendo nuevos accesorios. Ya tenía claridad de sus clientes y ahora sólo acompañaría sus necesidades. En conclusión: vio una oportunidad de negocio, tanteó las aguas y, cuando constató que funcionaba, empezó a subirle a la inversión y al tamaño del negocio.

¿No te parece increíble? Dos emprendedores dentro de la misma industria, ante la misma crisis, tienen resultados totalmente distintos. ¿La razón? El tipo de los gimnasios ni se dio el chance de innovar, mientras que la mujer de los equipos de ejercicio en casa implementó una idea innovadora y lo hizo de manera ágil e inteligente: poco a poco, sin gastar mucho al principio e invirtiéndole mucho más después, según iba viendo la respuesta del mercado. El primero no vio a futuro, mientras que la segunda se convirtió en la Wayne Gretsky de los negocios del *fitness*: anticipó para dónde iría el disco y se movió en esa dirección.

Es por eso que siempre que me contacta el CEO de alguna organización en problemas para darle solución a sus broncas, sin meterme de lleno a su organigrama ni a sus números, le digo que, sea cual sea el problema, el método de prevención siempre está en la experimentación. La innovación requiere la voluntad de probar nuevas ideas, muchas de las cuales, de seguro fracasarán. Alexander Osterwalder en su libro *The Invincible Company* menciona que una de cada doscientas cincuenta ideas termina funcionando. Por esto es que hay que probarlas en pequeñas dosis, porque hacer doscientas cincuenta inversiones completas es totalmente inviable. Si lo ves así, los fracasos y el aprendizaje que obtendrás de cada fracaso se parecerán más a una pequeña herida en un dedo que a una amputación completa.

¿Has visto los estudios de los pintores? Por lo general, antes de ponerse a pintar un cuadro, han hecho varios bosquejos en lápiz en pedazos de papel. Ésa es su versión de la experimentación *low cost*. Cualquier artista de verdad te dirá siempre que la inspiración no existe, que sus obras maestras son producto de pruebas, de bosquejos que salieron mal o que nunca terminaron de cuajar.

En su libro *The Right It*, el autor y agente de innovación en Google Alberto Savoia propone hacer pruebas en menor escala, reunir información y de ahí empezar a crecer la idea. Así, si no funciona, al menos no arriesgaste ni perdiste.

> **Note to self**
> No inviertas en buenas ideas,
> invierte en buenos datos.

Muchas organizaciones se arruinan por no hacer caso a este consejo e invierten en ideas sin saber si el mercado va a requerir lo que ofrece ese producto o servicio. El capital de inversión de la organización debe estar limitado y reservarse sólo para aquellos proyectos en los que se haya disminuido el nivel de incertidumbre. Ésa es una regla de oro para mí y debería serlo para ti también. Luego sí, a medida que vayas conociendo más de un negocio y se reduzca el nivel de incertidumbre, puedes y debes comenzar a invertir más.

Así:

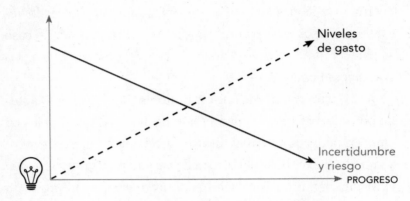

Nota: esta gráfica explica un concepto fundamental: sólo cuando haya bajado la incertidumbre de mercado de una idea te puedes dar el lujo de invertir más en ella.

Sueña gratis y experimenta barato

Ahora bien, para saber si una idea es buena y merece la pena recibir gradualmente más inversión, debe seguir un proceso de comprobación que se divide en tres partes:

1. Alucinación de mercado
2. Hipótesis XYZ
3. Pretotipos y datos propios = adelante o mata la idea o modifícala

Te las explico a continuación.

1. La alucinación de mercado: soñar lo más grande

Utilizo la palabra «alucinación» porque evoca una sensación de locura, y las ideas innovadoras suelen ser consideradas como locuras en sus inicios. No puedes hablar de innovación hasta que propongas algo que verdaderamente rete los convencionalismos. Peter Thiel, un inversionista famoso de Silicon Valley suele hacer una pregunta con la cual determina qué tan innovador es un emprendedor: «¿Qué consideras una verdad(es) que la mayor parte del mundo no comparte contigo?». Ésa es la pregunta que te debes hacer para determinar si una idea que tienes es verdaderamente una alucinación de mercado. Y no trates de validar la idea pidiendo la opinión de tus amigos, ellos NO son el mercado. Te pongo un ejemplo de una mentoría reciente que di en Guadalajara. Se presentaron uno por uno los invitados y uno dijo que se dedicaba a vender joyería para perros. Por supuesto la gente lo volteó a ver como queriéndose burlar. Después mencionó que vende millones de dólares en ese tipo de joyería al mercado estadounidense y me habría encantado que hubieras visto cómo cambiaron esas caras. Ésa es la cara de la gente cuando escucha una verdadera alucinación de mercado.

Debes tener en cuenta que las alucinaciones de mercado van perdiendo vigencia temporal. Algo que hoy es nuevo, inexplorado, el día de mañana pasará a ser un mercado muy competido y por tanto ya no sería una alucinación. Quizás en unos años cuando la gente lea este libro el tema de joyería de perros, los automóviles autónomos, el internet satelital o la carne vegana le parecerán cosas de todos los días.

Por eso, si quieres innovar, debes vivir con un pie en el futuro. Debes disponer de tiempo para observar tendencias y entender lo que ocurre en el entorno. Lo dejo claro porque creo que cuando el trabajo es operativo y en el día a día te abruma, disponemos de poco tiempo para ver hacia el futuro.

Personalmente dedico entre 10 y 20% de mi tiempo a seguir tendencias. De hecho, decidí convertirme en el *Chief Future Officer* (CFO) de mi primera empresa. Una de mis primeras acciones en ese cargo fue la de desarrollar cursos digitales. Se me ocurrió hacerlo a partir de una tendencia que apenas se empezaba a ver en el mercado. En 2017, a mis socios les pareció una idea ridícula. Me dijeron que no tenía sentido que una empresa de consultoría y de nivel se dedicara a dar «cursitos en internet». El hecho de que consideraran mi idea una locura era una buena señal; al fin y al cabo, era una «alucinación de mercado».

Cuando bosquejé cual Salvador Dalí la idea de los cursos e hicimos los cálculos iniciales (con muy poco fundamento), llegamos a la conclusión de que debíamos impartir dos mil cursos digitales para llegar al mismo nivel de lo que facturaba la empresa por consultorías. Se veía imposible, sin embargo, seguimos el camino y, en la actualidad, luego de algunos años, estamos facturando más que mi primera empresa con una oferta de menos de veinte cursos digitales. Quién lo iba a decir: mi negocio de «cursitos en internet» terminó ofreciendo mayores ingresos que la consultoría, que era la base inicial del negocio.

En su libro *Selling Naked*, Jesse Horwitz, cuenta el caso de Andy, una emprendedora que quería montar una tienda de trajes de baño a domicilio. Su motivación: se sentía incómoda cuando iba a comprar un traje porque el proceso de quitarse la ropa en un espacio reducido, desconocido, la sacaba de su zona de confort y no le gustaba. Un día pensó que seguramente habría más mujeres como ella que preferirían probarse el traje de baño en la comodidad de su casa y de ahí surgió su idea de negocio: ¿qué tal si creaba una empresa que enviara los trajes de baño a domicilio para que sus clientas se los probaran en la comodidad de su casa y, si no les gustaban, pudieran devolverlos?

Andy arrancó su empresa luego de una serie de experimentos para validar su idea. Primero se preguntó qué porcentaje de las mujeres se sentirían igual que ella. Para responder la pregunta, diseñó una encuesta en Google gratuita, dirigida a una muestra de doscientas mujeres que conocía a través de sus redes sociales. Ahí confirmó que sí había un interés real y más mujeres como ella. Además, se dio cuenta de que podría vender aun sin tener el producto, así que lanzó una campaña de *Kickstarter* y vendió 10 000 dólares con un video. Por supuesto, invirtió el dinero en productos de su prueba piloto. Quizá la idea de Andy parecía una locura al principio, pero funcionó. A ideas de negocio así es a lo que me refiero con «alucinaciones de mercado». Ponte a pensar de los últimos tres años cuántas cosas has cambiado en tu vida que precisamente se dieron por una alucinación de mercado. Haz una lista con mínimo tres de ellas.

Mi lista de tres alucinaciones (de años pasados que movieron mi vida):

1. Comprar zapatos a domicilio (Zappos).
2. Rentar el auto de un extraño (Turo).
3. Pedir refrescos a la puerta de mi casa de manera instantánea sin caminar las tres cuadras a la tienda (Rappi).

Por supuesto éstos son negocios ya consolidados, por lo que esa ventana de tiempo ya expiró. Sin embargo, es un buen ejercicio. Ahora vayamos a un segundo ejercicio. Analizando tu vida, dime tres cosas que te gustaría que cambiaran y por tanto te hacen «alucinar».

Mi lista de tres alucinaciones al día de hoy (abril de 2022):

1. Poder viajar en avión sin las dos horas previas que requiere de espera y a un precio accesible.
2. Poder tener un auto antiguo y lo que representa, pero sin complicaciones mecánicas y amigable con el medio ambiente.
3. Mejorar mi dieta sin sacrificar la experiencia de salir a disfrutar con amigos y familiares.

De nuevo, éste es un ejercicio limitado porque está sujeto a nuestro contexto y nosotros NO somos todo el mercado. Pero es un buen inicio. Es un buen punto de partida para estirar los músculos. Como cuando empiezas a calentar en el gimnasio. Vamos poco a poco.

2. La hipótesis XYZ: identificar las variables del negocio

Este fase puede parecer poco seductora para los locos creativos, pero es tan necesaria como la primera para alcanzar el éxito. Es necesario llevar la alucinación de mercado a esta segunda fase de desarrollo, la de la hipótesis. Tienes que saber navegar entre las realidades de la idea y la comprobación, pues sin la segunda la primera no es nada. Es indispensable que mantengas el entusiasmo y el idealismo de arranque para llevar a cabo los experimentos concretos que te ayuden a validar si tu idea demencial de negocio es viable o no.

Para pasar a esta fase lo primero que tienes que hacer es crear una premisa razonable de por qué esa alucinación (idea) generaría una ganancia (realidad). Vuelvo a Albert Savoia. En su libro *The Right It*, presenta una alucinación de mercado que me parece una chingonada, al menos de inicio. La idea es crear una cerveza para perros. El problema con una alucinación tan extraña es que es difícil saber si tiene potencial en la vida real. Savoia responde a esa incertidumbre con un concepto al cual él llama la Hipótesis XYZ, que es traducir la hipótesis a un enfoque más numérico y de data. El propósito es llegar a una hipótesis que se pueda medir en términos de negocios. Por ejemplo: «A algunos dueños de mascotas no les gusta beber solos. Muchos comprarían cervezas para perros con el fin de que sus mejores amigos beban con ellos».

Si recuerdas, Andy, la emprendedora de los trajes de baño, arrancó con una hipótesis similar, aunque sin saberlo. Si hubiera leído a Savoia, quizá su hipótesis se hubiera leído como algo así: «A algunas mujeres no les gusta probarse los trajes de baño en las tiendas. Muchas comprarían su traje a domicilio con el fin de evitarse la incomodidad de probárselo en la tienda».

Una vez que tengas la hipótesis, el siguiente paso será verificarla. Para ello, Savoia propone hacer una encuesta (de nuevo, así como Andy). En el caso de la cerveza para perros, esto fue lo que encontró: «Los resultados de la encuesta muestran que el 15 por ciento de los dueños de perros comprarían un paquete de seis cervezas para perros por 4 dólares, si estuviera disponible en el lugar en el que compran la comida para sus perros». Sus hallazgos mostraron el suficiente interés de mercado, lo cual, a su vez, ofrecía la posibilidad de obtener suficiente rentabilidad como para desarrollar la idea en pequeña escala.

El autor construyó una hipótesis con unas variables claras: el porcentaje de dueños de perros interesados (X), el precio del pack de cervezas (Y) y el lugar donde están disponibles los packs (Z). Así, no se tenía que limitar a ejecutar un solo experimento, sino que podía realizar múltiples pruebas para cada variable y de este modo obtener información más certera y disminuir la incertidumbre. En un experimento podría cambiar el precio de la cerveza y en otro el lugar en donde comprarla, y con eso modificar la hipótesis antes de lanzarse a crear el producto.

Como ves, las variables pueden estar relacionadas con la demanda del mercado, con la calidad del producto, con la satisfacción del cliente o con el precio, por mencionar algunos ámbitos de interés del producto o servicio en cuestión. Independientemente de lo que elijas, lo que quiero que entiendas es que la experimentación debe partir de una hipótesis medible y no sujeta solamente a una interpretación cualitativa.

3. El pretotipo y los datos propios: salvar o matar la idea

Ya tienes una alucinación interesante. Tienes una hipótesis cuantificable. ¿Qué sigue? Diseñar experimentos baratos que permitan validar esa hipótesis. Esto se logra a través de la creación de «pretotipos». Seguramente no has escuchado esa palabra. Pretotipo es una palabra del argot de Silicon Valley que trata justamente de aclarar qué es lo que va antes del prototipo. En lugar de pensar que necesitas mucho dinero para crear una primera versión del producto o servicio que vas a desarrollar, tienes que encontrar varias maneras simples de reunir más datos para ir acelerando gradualmente los niveles de inversión. Quiero ponerte dos ejemplos que me parecen muy didácticos para que entiendas este tema.

Hablemos primero del caso de Hubble, una empresa estadounidense que se dedica a vender suscripciones de lentes de contacto. Su primer pretotipo fue simplemente un anuncio en Instagram donde indicaba que venía un servicio nuevo de este tema y la gente se podría registrar si sentía interés. Generaron miles de registros con sólo 500 dólares de inversión. Primer experimento positivo con un gasto bajo. Después decidieron ir a un siguiente experimento, hablaron con una decena de optometristas y les pidieron una muestra de cien pacientes. A ellos se les ofreció de manera gratuita la suscripción por tres meses pero tenían que elegir con qué marca. Cada doctor presentaba a Hubble y otra marca ya conocida. Lograron que más de la mitad prefiriera a Hubble. Más datos. Tercer experimento: ofrecieron un precio subsidiado a los primeros cien suscriptores, para así testear todo el modelo de entrega y atención a clientes. Lograron mantener a más de 80% de la muestra después del primer cierre de ciclo. Experimentos, datos, experimentos, datos. Recuerda que los emprendedores seriales no invertimos en buenas ideas, invertimos en buenos datos.

Segundo caso. A uno de los fondos más importantes de *venture capital*, un día llegó un emprendedor con la idea de hacer una máquina para doblar la ropa. Pedía poco más de un millón de dólares solamente para generar el prototipo. Con una primera máquina podría validar el mercado, decía. El fondo sugirió una mejor idea: en una lavandería pública acomodaron una máquina contra la pared y pusieron letreros que indicaban que la máquina podía doblar mágicamente la ropa. Hicieron un hoyo en la pared y cuando alguien ponía ropa por atrás se sacaba y se doblaba manualmente. La gente abría la puerta y mágicamente estaba doblada su ropa.... Era increíble. Pero el resultado no fue tan positivo. Descubrieron que muy pocas personas estaban dispuestas a pagar el monto adicional por el doblado, por lo menos en lavanderías públicas. Como la máquina sería costosa al inicio, este mercado era indispensable, por lo tanto la hipótesis se desechó. Esta anécdota sirve para que veas que no importa lo complejo de la idea, siempre hay una manera de probar de forma barata si realmente la hipótesis tiene cabida en el mercado.

En tu fase de experimentación con pretotipos vas a requerir saber de diferentes metodologías de experimentos de negocio. No profundizaré en ellas, pero sí te dejaré una lista de algunas de las metodologías con las que puedes hacer experimentos para probar tus ideas. Si te interesa profundizar en alguna, no dudes en investigar más a detalle.

Metodologías para experimentar tus negocios

- 💡 **Mash up:** construir una solución digital usando plataformas existentes.
- 💡 **Wizard of Oz:** hacer manualmente lo que después se haría con tecnología.

- 💡 **Pop-up shop:** habilitar un espacio temporal de venta.
- 💡 **Simple landing page:** abrir una página en línea y llevarle tráfico.
- 💡 **Crowdfunding:** solicitar microinversión de futuros clientes.
- 💡 **Split test:** probar dos soluciones alternativas.
- 💡 **Cartas de intención:** solicitar a prospectos que formalicen su interés con una carta.

CÓMO ELEGIR LA IDEA CORRECTA

Ahora que ya sabes cómo puedes innovar *low cost* y antes de aventarte las 100 oportunidades de negocio que tengo reservadas en las próximas páginas, quiero dejarte una suerte de guía rápida para que la tengas en cuenta a la hora de leer todas las ideas. Si hay alguna que te mueve, anótala y sométela a los tres puntos que te propongo a continuación: **autoconocimiento, proyección y estrategia.**

1. Autoconocimiento

¿Esta idea se encuentra alineada con mi propósito de vida? ¿Puedo desarrollar esta idea con las herramientas que tengo?

Se dice que si te dedicas a lo que amas no trabajarás un solo día en tu vida. Y yo creo que es cierto. En mi experiencia personal y con otros emprendedores he podido constatar que cuanto más cerca de nuestro propósito personal esté nuestro negocio, mayores son la energía, la entrega y la pasión con las que lo abordamos. Yo, por ejemplo, estoy escribiendo estas líneas un domingo por la mañana mientras mi esposa me pregunta por qué estoy trabajando un domingo. La realidad es que para mí esto no es trabajo porque mi propósito de vida es dar alas a emprendedores y es lo que estoy haciendo con este libro. Así que antes de elegir cualquier idea, mi sugerencia es que tengas claro cuál es tu propósito y después elijas opciones que estén alineadas con él.

Aymar Celdrán, un amigo y mentor en temas emocionales para emprendedores, suele decir que cuando uno acierta con su emprendimiento siente que encuentra un sentido y un significado vital en ese proyecto. Esto se da solamente cuando el emprendimiento está conectado con el pasado del emprendedor, habla de su historia, de lo que ha aprendido, de los puntos de inflexión que lo han traído hasta aquí. De esos puntos es de donde uno saca toda su fuerza y energía que necesita para crear algo en el presente que perviva en el futuro. Entonces es cuando tu negocio se convierte en un proyecto de vida. Pudiéramos escribir un libro completo sobre el tema del propósito —y de hecho existen varios al respecto, por si quieres ir a buscarlos—, pero por ahora quiero dejarte simplemente con ese concepto: conócete a ti mismo y busca ideas que te hagan un clic dentro.

Cuando lo hayas determinado, piensa qué es lo que tú puedes aportar a esa idea. Cuáles son tus herramientas. Y, ojo, no me refiero a qué títulos tienes, éstos no garantizan que tengas las habilidades. Me refiero al set de competencias que has amasado gracias a tus experiencias de vida, tu curiosidad, tu capacidad de autoaprendizaje, tus viajes, etcétera. Si tienes claridad de cuáles son estas habilidades, trabajas todos los días para seguirlas incrementando y crees que son útiles para la idea que tienes pensada, vas bien. Puedes pasar al siguiente punto.

2. Proyección

¿De qué tamaño es el reto que plantea esta idea? ¿Está a la altura de mi potencial?

A menudo me topo con emprendedores que tienen un set de habilidades top y las utilizan en oportunidades medias que, en consecuencia, les dan resultados medios o bajos (ver GRÁFICO 1). Es gente con mucho potencial desperdiciado. Si ése es tu caso, este libro te cae especialmente bien porque aquí vas a encontrar ideas, alucinaciones, a la altura de lo que puedes dar. Sólo prométeme que tu próxima idea de negocio sea enorme y genere resultados igualmente enormes y con proyección (ver GRÁFICO 2).

Gráfico 1

Gráfico 2

3. Estrategia

¿Cuál es la complejidad técnica de esta idea? ¿Cuál es su *timing*?

En la medida en que vamos creando negocios, necesitamos ir evolucionando a ideas de negocios más complejas. ¿A qué me refiero? Cuando lo explico en mis conferencias, suelo lanzar esta pregunta: *¿Qué es más difícil, arrancar un negocio de jardinería residencial o fabricar satélites espaciales?* La respuesta es obvia: la complejidad técnica de fabricar y un satélite es mucho más difícil que desarrollar un negocio de jardinería, lo cual lo hace un negocio poco competido. Y aunque no quiero que todos lancemos satélites al espacio, sí quiero que todos estemos siempre exigiéndonos más en términos de capacidades técnicas de los negocios que buscamos.

Las MEJORES ideas de negocio están en las tecnologías del futuro, en las posibilidades que literalmente NADIE ha intentado hacer. Recuerda que el mundo de los negocios es una jungla. Todos quieren ir contra tu negocio; todos quieren competir contra ti. Por tanto, necesitas crear barreras de entrada para proteger esos negocios y que sobrevivan en el largo plazo. Y eso se hace analizando la complejidad técnica de una idea y eligiéndola por su complejidad, sobre todo si eres uno de los emprendedores más avanzados y ya tienes otros negocios andando.

El *timing* es otro factor fundamental de la estrategia. Tienes que saber que el tiempo en el que estás sacando el negocio es el idóneo. Sigamos con el ejemplo del negocio de jardinería residencial. Éste debe tener más de un siglo. Eso quiere decir que hay más de un siglo de trayectoria y de competencia detrás de esa idea. El *timing* idóneo de esa idea fue hace un siglo. Pero qué pasa si hablamos de cuidado de predios en el metaverso. Aunque no tengo claro qué significaría ese negocio, pues hasta ahora está comenzando, estoy seguro de que es una idea que se desarrollará en los próximos meses, por lo que el *timing* idóneo de este negocio está en el futuro. Cuanto más adelante se encuentre el *timing* idóneo de una idea, más protegido estará tu negocio de la competencia, aunque probablemente requieras más recursos para lanzarlo.

Los grandes emprendedores se enfocan en ideas estratégicas, es decir, que técnicamente sean más complejas y cuyo *timing* esté en el futuro. Cuanto más capaz sea el emprendedor, más complejidad técnica querrá enfrentar y más a futuro aventará sus ideas. Piensa en Elon Musk: ¡quiere colonizar Marte! Parece una demencia, sí, pero ésas son las ideas, los *moonshots*, que terminan cambiando al mundo.

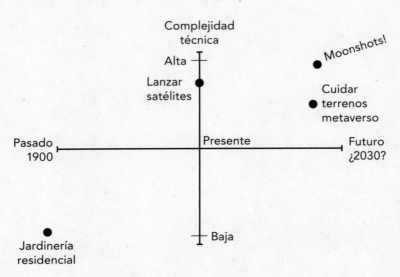

SI UNA IDEA...

A. tiene sentido para ti y está acorde con tu set de habilidades,
B. tiene proyección y
C. es estratégica...

¡Felicitaciones!
Has encontrado la idea correcta.

Parte II

100 ideas de negocios

Ahora sí. En esta parte del libro te presento 100 ideas que han sido discutidas en mi podcast *Donde está la oportunidad*. Son una selección de las que veo más viables como negocio, pero te invito a explorar más y a seguir investigando el podcast, pues hay un episodio nuevo semanalmente y así vas a entender mejor la dinámica.

https://open.spotify.com/show/2TXszKkw7CDoMI9LkG3EXo

Las ideas que te presento no están ordenadas de mejor a peor, ni de grande a chica, simplemente son 100 ideas de todo tipo. Si una te parece una idea mala, dale la vuelta a la página y ve a la siguiente. Y si ninguna te gusta, al menos leerlas te servirá como inspiración para crear tu primer negocio o tu segundo o tu tercero.

Verás que hay ideas para todo tipo de perfiles y diferentes modelos de negocio. Puedes agarrar la que quieras como si fuera tuya, si es que te late, te motiva y la ves viable en tu contexto. Que las tomes o no, las modifiques o hagas lo que sea con ellas me es irrelevante. Lo que quiero es que al leerlas te des cuenta de que el repertorio de ideas de negocio no tiene límites. Que sepas que hay oportunidades de negocio en todas partes y que, neta, no hay ninguna excusa para no emprender.

Para hacerte la vida más fácil, las he dividido en cuatro grandes secciones: *1) wellness*, *2)* redes sociales, marketing y entretenimiento, *3)* innovación y tecnología y *4)* inversión, *e-commerce* y consultoría. Además, te he puesto una especie de ficha técnica antes de contarte de qué va la idea, para que puedas ubicar a vuelo de pájaro de qué se trata el cuento, a qué sector pertenece, cuál es su nivel de *readiness* (qué tan pronto la puedes implementar), cuánta lana tendrías que invertirle y cuál es su *addressable market* (a quién le venderías lo que vendas). De este modo puedes decidir si quieres seguir leyendo o si pasas a otra idea directamente. No me voy a ofender ni tantito si no lees las 100 ideas de corrido; ni que hubiera escrito una novela. Lo que me interesa es que te lleves lo que te sirva y no pierdas el tiempo en lo que no. Al fin y al cabo lo que quiero es que salgas a innovar lo más pronto posible.

Por último, un *disclaimer*: es posible que al leer esta sección te sientas abrumado con tanta idea. Si es así, entonces vamos por buen camino. Mi objetivo es saturarte, ponerte toda la carne en el asador para que la próxima vez que te sientas atorado porque no se te ha ocurrido la «gran idea», porque sientes que «todo ya está inventado» o porque, a pesar de tener negocios exitosos, no tienes claro con qué negocio seguir, vuelvas a esta parte del libro y te desatores así no más.

Wellness

Subcategorías:
salud, alimentación, *fitness*, medio ambiente,
estilo de vida, mascotas, hogar

MÉTELE EL DIENTE A LA CARNE SIN CARNE
Alimentación vegana
Porque todo el mundo merece comerse un filete

Idea: desarrollar productos y servicios relacionados con la industria de carne vegana.
Mercado: *B2C.*
Addressable market: consumidores y empresas interesadas en alternativas a la proteína animal.
Readiness: alto.
Inversión: media.

Hay algo que me resulta muy extraño, e incluso preocupante, y es el poco interés de los emprendedores en el tema de la carne vegana, particularmente en México. No entiendo por qué, la verdad, si las cifras que arroja este mercado nos hablan de una gran oportunidad de negocios que se nos anda escapando de las manos.

Tan sólo entre 2018 y 2019, las *startups* en el sector de carne vegana lograron obtener millones de dólares, únicamente a base de fondeos. Esto nos indica que aquí hay un futuro bastante prometedor, y en México es un mercado que sólo está agarrando un puñado de restaurantes veganos. Ahora bien, tú me dirás: «Sí, Carlos, pero la carne vegana es una moda». Y no te lo voy a discutir; puede ser cierto. Pero sí te pones a analizar los números del mercado de proteínas animales, te das cuenta de que se está volviendo insostenible. La carne está cada vez más cara y es posible que tarde o temprano tengamos que empezar a incorporar otro tipo de proteínas.

Por otro lado, el tema de la conciencia ecológica y el bienestar animal están provocando cambios muy importantes en los hábitos de consumo. ¿Esto qué quiere decir? Que cada vez hay más consumidores dispuestos a buscar alternativas saludables a la carne animal, aun sin ser veganos.

Actualmente, entre los jugadores más relevantes en el mercado de carne vegana encontramos dos empresas: Beyond Meat e Impossible Foods. Ambas la están rompiendo durísimo. La primera es, sin duda, una de las acciones boom de 2020. Al cierre de ese año, ya había acumulado 66.5% de crecimiento, y para principios de 2022 ya había quintuplicado su valor. Es realmente una brutalidad. Y si te pones a ver el *market cap* de Beyond Meat anda alrededor de los 4 billones Luego tienes a Impossible Foods, que ya levantó 1.3 billones de dólares en rondas privadas.

Otra empresa que vale la pena mencionar es Memphis Meat, actualmente conocida como Upside Foods, la cual está enfocada en producir carne a base de células animales. Carne *in vitro*, en pocas palabras. La historia de esta empresa es bien interesante. Se fundó en 2015 y a los pocos meses publicó el video de una albóndiga cultivada. Meses después, difundió más videos, esta vez con carne de pollo y pato cultivada. En ese momento, la empresa declaró sus intenciones de entrar al mercado para finales de 2020. Su principal objetivo era ofrecer el kilogramo de carne cultivada a un precio de 60 euros. Y se pone aún mejor: en agosto de 2017 logró recaudar alrededor de 17 millones de dólares, en la ronda de financiación de la Serie A, organizada por la firma DFJ. Casi tres años más tarde, en enero de 2020, Memphis Meats recaudó una Serie B de 161 millones de dólares con inversionistas como Bill Gates, Richard Branson y Tyson Foods. Para 2022, Memphis Mean proyecta producir 22 680 kilogramos de carne cultivada al año.

He querido mencionar este caso porque es un indicador muy claro de que la carne animal sigue siendo un recurso muy importante. Tan es así que grandes como Gates y Branson están dispuestos a meter mucha lana para encontrar alternativas que garanticen el bienestar de los animales, pero sin tener que reemplazar la carne.

Pero mientras esto ocurre, el mercado se está moviendo hacia los sustitutos: carne a base de granos o vegetales. Ésa es la realidad actual y hacia allá es a donde debemos ir si queremos aprovechar la oportunidad.

Aunque hay que considerar que al menos en México aún no hay una masa crítica de consumo para que podamos hablar de una industria prometedora, eso no significa que no podamos participar en el mercado internacional. Puedes fabricar carne vegana y exportarla a otros países. El punto es que todo lo relacionado con la carne vegana es redituable: hacer investigación, producción, comercialización, distribución, etcétera. Existen varias alternativas. Las opciones son muchas. Echarle cabeza.

PROFESIONALIZA LOS CUIDADOS DEL HOGAR
Homecare
Porque la salud y el cuidado no tienen precio

Idea: crear una empresa relacionada con el cuidado y atención médica en el hogar.
Mercado: *B2B, B2C.*
Addressable market: personas al cuidado de un adulto mayor o un paciente que requiere cuidados constantes.
Readiness: alto.
Inversión: baja.

La industria del cuidado en el hogar está creciendo rápidamente en todo el mundo. Esto se debe sobre todo a los avances científicos que han permitido que, en las últimas décadas, la expectativa de vida de la población haya aumentado considerablemente. En la actualidad, no sólo tenemos un mayor porcentaje de adultos mayores, sino que también es posible que las personas que padecen enfermedades crónicas tengan una mejor calidad de vida a base de cuidados que se pueden gestionar desde el hogar.

Además, con la pandemia y el confinamiento, la industria del cuidado en el hogar ha alcanzado cifras impresionantes: para 2028 se estima que este mercado a nivel mundial alcance los 600 millones de dólares anualmente, lo que significa un crecimiento de 10% año tras año.

Así que aquí hay una gran oportunidad de negocio. En realidad, todo lo que esté relacionado con salud es un negocio bastante atractivo. Para que te des una idea, entre las diez empresas más grandes del segmento salud suman casi 2 000 billones de dólares en conjunto. Esto explica por qué dos grandes titanes, como lo son Amazon y Apple, están apuntando durísimo hacia allá. No hay duda de que en este sector hay una gran oportunidad.

El cuidado en el hogar es un sector muy diverso con una amplia gama de productos y servicios. No sólo consiste en llevar el hospital a tu casa para que puedas darle atención y cuidados a un familiar que los necesita, se puede proveer equipo, personal capacitado, desarrollo de tecnología e incluso se puede hacer uso del *big data* para mejorar la calidad de los servicios. Por ejemplo: *a)* ofrecer herramientas e información que permitan a los centros de salud y a los proveedores de servicios de cuidado en el hogar identificar patrones para prevenir o reducir la gravedad de las enfermedades, *b)* recopilar datos de los pacientes para brindar servicios precisos, regulares y personalizados e incluso prevenir enfermedades, *c)* emplear esta información para identificar patrones de consumo, *d)* organizar personal de salud capacitado y ofrecer sus servicios a la gente y *e)* rentar los equipos médicos, cuya demanda ha aumentado con el confinamiento.

Como puedes ver, se trata de un campo aún inexplorado, pero sin duda con un potencial muy grande.

CREA UNA *DARK KITCHEN* Y VE LA LUZ
Restaurantes dedicados al *delivery*
Porque ¿a quién no le gusta comer como en restaurante sin salir de casa?

> **Idea:** desarrollar negocios dedicados a la venta de comida a domicilio.
> **Mercado:** *D2C*.
> **Addressable market:** restaurantes, gente que pide a domicilio.
> **Readiness:** alto.
> **Inversión:** baja.

Las llamadas *dark kitchens* (concinas oscuras, literalmente) están cobrando mucha relevancia en los años posteriores a la pandemia, cuando todo el mundo empezó a pedir comida a domicilio porque a veces era la única opción. Se trata de negocios, restaurantes, que ofrecen comida sólo a domicilio. Ésta se prepara en una cocina y se lleva después al solicitante. Es un negocio interesante económicamente porque se quita de en medio muchos de los costos que tienen los restaurantes convencionales: para empezar, no hay que pagar, decorar y mantener las instalaciones y el menaje para los comensales, ni tampoco hay que tener personal de servicio. La comida se puede hacer en la cocina de una casa, siempre y cuando cumpla con las medidas de sanidad necesarias. Lo otro que hay que tener es un sistema *online* de promoción, pago y distribución (aplicación, teléfono o número de contacto para hacer pedidos) y un vehículo con conductor para realizar los envíos o un convenio con alguna app que proporcione este servicio, tipo Uber Eats, Rappi, Didi Food, etcétera, aunque mi sugerencia sería que tú crearas tu propia aplicación.

Es un hecho que las plataformas te van a comer entre 25 y 30% de tus ganancias, sin contar la comisión que te cobran por publicitarte en ellas. Por lo mismo, si quieres migrar a una plataforma de *dark kitchen*, tienes que modificar tu cálculo económico porque, de lo contrario, el porcentaje por servicio de *delivery* te va a comer. Sin embargo, si haces tus números pensando desde el inicio en ese porcentaje de 25 o 30%, es más probable que te salgan las cuentas.

Toma en consideración, además, que la gente que utiliza estas plataformas muchas veces no tiene idea de qué quiere comer. Por tanto, estas aplicaciones funcionan como un gran escaparate. El usuario lo único que sabe es que tiene hambre y entra a la plataforma para ver qué se le antoja de entre todas las opciones que hay. Eso te permite llegar a un mercado que, de otra manera, no habría llegado a ti. Como todo, tiene sus pros y sus contras. Aquí lo importante es que te preguntes si este modelo de negocios es para ti. Y si lo es, es importante que consideres cuáles son los cambios que tienes que hacer para no perder: tienes que enfocarte muy bien en el concepto, en el valor agregado, en los costos y demás. Pero, de entrada, te digo, es una excelente oportunidad. Tan es así que, hoy por hoy, la barrera de entrada al mundo restaurantero es muy baja y ahora casi cualquier persona puede abrir un restaurante o una *dark kitchen*.

Es fácil subirse a esta ola. Ya sea armando tu propio restaurante o creando una aplicación con tu propio servicio de *delivery*. O ambas. Ahora bien, ten en cuenta que no cualquier restaurante puede migrar a *dark kitchen*. El modelo está enfocado en un producto específico y maneja precios específicos. Ése, para mí, es el quid del asunto: tomar activos que están ociosos y aumentar su rentabilidad, democratizando la fricción de inversiones. La clave del *dark kitchen* consiste en apalancar los activos y hacer una buena curaduría para ver quién se sube a la infraestructura; recuerda que lo que estás buscando es quitar valles, maximizar activos y vender comida, que es lo que te permite pagar las plataformas.

De cualquier modo, las condiciones están dadas y el mercado está ahí, esperando. Es cierto que el número de *dark kitchens* ha crecido en los últimos dos años, pero incluso antes de la pandemia las plataformas de comida a domicilio ya estaban teniendo un éxito tremendo. Es un mercado inagotable y con gran proyección. En mi concepto, las plataformas de *delivery* son lo mejor que le ha pasado a la industria restaurantera en las últimas décadas. Una verdadera revolución. Es una tontería no aprovechar esta gran oportunidad de mercado.

DALE UNA VUELTA A LA ECONOMÍA
Empresas promotoras de la economía circular
Porque lo mismo, pero diferente, es bueno

Idea: crear empresas que empleen como base la economía circular para sus productos.
Mercado: *B2C*.
Addressable market: *millennials*, *hipsters* y todo tipo de consumidor al que le guste lo *vintage* o tenga conciencia ecológica.
Readiness: alto.
Inversión: baja.

El tema de la economía circular es uno que me llama mucho la atención. Su premisa es que la materia prima de un producto se puede reutilizar muchísimas veces antes de desecharse. La diferencia con el reciclaje es que éste consiste en procesar los materiales residuales de un producto para volver a aprovecharlos y darles un nuevo ciclo de vida, mientras que la economía circular se basa en la reutilización del producto en sí mismo, es decir, no se modifica el material del objeto, sino que se le da un nuevo uso. Un ejemplo de eso es la marca Timberland, que utiliza el caucho de llantas desechadas para hacer las suelas de sus botas.

Una oportunidad de negocio puede ser tan sencilla como crear una tienda de ropa u objetos *vintage*, la cual podemos armar con muy poca inversión. Sólo es cosa de darnos una vuelta a los armarios de nuestro tíos, tías, padres y abuelos y sacar cuanta cosa encontremos ahí a la que podamos darle un nuevo uso. Algunas de estas prendas y objetos, si están en buen estado, pueden alcanzar valores muy altos, incluso más que prendas y objetos nuevos. En Estados Unidos, el mercado del *vintage* ha tomado muchísima fuerza en los últimos años, sobre todo gracias al *e-commerce* y pienso que en Latinoamérica también puede serlo sobre todo porque la reutilización se encuentra en nuestro ADN cultural. ¿O quién de nosotros no utilizó la ropa que dejaban los hermanos mayores o los primos porque ya no les quedaba? ¿O quién no tomó agua en un vaso de mole Doña María? Éste es un tipo de compra que nos es familiar y es el momento de sacarle provecho; más aún con el auge del mercado *vintage* entre la población *millennial*.

Por otro lado, la carta ecológica también desempeña un papel muy importante. Los productos verdes tienen una oferta cada vez mayor y resultan una oportunidad bastante buena. Un caso interesante es el de Boox, una compañía que diseñó una caja reutilizable, la cual comercializan con el lema «la caja que nunca tiras». Esta caja está dándole un giro al sector de *e-commerce,* pues te permite reducir el desperdicio en el envío de productos. Se trata de una idea ingeniosa y muy necesaria, si consideramos todas las toneladas de cartón que se producen por envíos de Amazon, servicios de paquetería, y demás.

Otro caso también interesante es el de Portèlo, porque combina el mercado de ultralujo con el de la economía circular. Se trata de la primera plataforma en México para comprar y vender moda de lujo en línea. Es, básicamente, un *marketplace* que permite conectar a los vendedores con compradores de marcas *high-end* desde una app. Su objetivo es desacelerar el ritmo de producción de la industria de la moda, la segunda más contaminante del planeta, expandiendo el ciclo de vida de los productos. Lo que resulta novedoso es que la plataforma no cuenta con prendas, sino únicamente animaciones, y que hay un punto de revisión física de las prendas antes de ser entregadas al comprador.

Sea cual sea la rama que elijas, cualquier negocio que tenga en el centro la economía circular es una gran oportunidad. Es un tema con enorme futuro, y lo mejor de todo es que la barrera de entrada es mínima, lo que significa que puedes arrancar con esto mañana mismo y de manera muy sencilla.

TÍRALE UN HUESO AL MERCADO DE LAS MASCOTAS
Animales de compañía y productos relacionados
Porque por dinero baila el perro

> **Idea:** desarrollar productos y servicios relacionados con la industria de mascotas y bienestar animal.
> **Mercado:** *B2B, B2C.*
> **Addressable market:** empresas y consumidores vinculados a la industria de mascotas.
> **Readiness:** alto.
> **Inversión:** baja.

La industria de las mascotas ha crecido de forma exponencial en los años recientes. Podríamos pensar que existe una relación entre el incremento y el confinamiento, pues una mascota es una perfecta compañía si estamos encerrados en casa, pero sospecho que va mucho más allá de eso. Basta con echar un vistazo al comportamiento del mercado en años anteriores a la pandemia para darnos cuenta de que el crecimiento ha sido constante. Es posible que este desarrollo tan exacerbado de los últimos años se deba al confinamiento y al apogeo de las compras en línea, pero en realidad creo que la mayor parte del progreso de esta industria se explica por cambios en la cultura. A medida que los consumidores *millennials* y de la Generación Z han alcanzado la edad adulta, han ido marcando tendencias en el mercado, las cuales, como es natural, están relacionadas con sus estilos de vida. Una de estas tendencias es tener mascotas en una mayor medida que generaciones pasadas. Así, mientras que los *baby boomers* representan únicamente 32% de los dueños de mascotas, las generaciones de adultos jóvenes abarcan 62 por ciento. Son generaciones que se caracterizan, entre otras cosas, por no querer tener hijos y por poseer una mayor conciencia ecológica, lo que explica su interés por contar con la compañía de animales.

Otro dato interesante es que los *millennials* que tienen perros pueden llegar a gastar hasta 3 500 pesos mensuales en el cuidado de sus mascotas. Esto incluye alimento especial, ropa, accesorios, guardería, cuidados médicos y escuela. Porque sí, las escuelas para perros también son un buen negocio. ¿De cuánto? Pues bien, nada más para que te des una idea, un entrenamiento canino completo te puede llegar a costar hasta 75 000 pesos, dependiendo de lo que quieres que aprenda tu perro. Aunque con estas cifras, yo la verdad es que esperaría que aprendiera un oficio que le permita ganar dinero, o al menos que aprenda a cocinar, porque estamos hablando de una buena inversión de dinero, lo que nos hace entender por qué este mercado es tan importante.

Independientemente de la razón del crecimiento de este mercado, lo que resulta innegable es que es un mercado muy fuerte a nivel mundial. Estamos hablando de una industria de poco más de 223 billones de dólares, de la cual Estados Unidos es uno de los mercados más importantes, con alrededor de 95 billones de dólares, tan sólo en 2019. Según datos de la Asociación Estadounidense de Productos para Mascotas, en los últimos treinta años, la posesión de mascotas ha pasado de 56 a 68%, de tal forma que, al día de hoy, casi ochenta y cinco millones de hogares tienen un animal de compañía. En términos porcentuales, 90% de la participación del mercado se lo llevan los perros, 8% los gatos y sólo 2% para otros. Así que podemos decir que el mercado está acaparado monopólicamente por el mejor amigo del hombre.

Como ves, la oportunidad de negocios es innegable y variada: servicios veterinarios, alimentos para mascotas, productos para su cuidado, juguetes, ropa, calzado, accesorios, indumentaria de entrenamiento, guarderías y un largo etcétera. Lo que tú quieras. En este caso, cualquier idea, no importa lo ridícula que suene, puede encontrar un nicho y redituar. Si no, mira las cervezas y helados para perros, el *catnip* o marihuana para gatos y hasta los seguros para mascotas. Así como lo oyes: seguros para mascotas. En México, BBVA es una de las instituciones que los ofrece. Esto nos invita a reflexionar acerca del tamaño de este mercado. Es muy grande y muy, muy diverso, lo que significa que hay una gran variedad de nichos que se pueden explotar.

KEEP CALM E INVIERTE EN CANNABIS
CBD y productos relacionados
Porque tendrás ingresos elevados y risas aseguradas

Idea: desarrollar productos y servicios relacionados con la industria del cannabis.
Mercado: *B2C*.
Addressable market: empresas y consumidores interesados en el cultivo, producción y distribución de productos de cannabis.
Readiness: alto, sujeto a regulación.
Inversión: baja.

Desde que se aprobó su legalización en México, se ha hablado mucho de la industria del cannabis, el oro verde, y de cómo va a abrir muchas oportunidades de negocio. Sin embargo, hay que tener mucho cuidado, pues en este tema suele mezclarse el mito con la realidad. En concreto, cuando hablamos de cannabis parece que se trata de un solo negocio, pero no, la legislación habla de cuatro tipos de negocio diferentes: la siembra, la transformación, la venta y la exportación. Cada uno se da de manera independiente, es decir, no tienes que hacerlos todo tú solo, sino que puedes decidir un aspecto concreto al que te quieras dedicar.

Ahora bien, lo que me llama mucho la atención es la enorme cantidad de negocios que hay orbitando alrededor de esta industria. En lo personal, creo que una vez que se abra bien el mercado, va a haber muchos jugadores tratando de acapararlo, por lo que a lo mejor sería prudente convertirse ahora en proveedor en cualquiera de las cuatro vertientes.

En todo caso, el futuro de este mercado suena bastante prometedor. El 80% del territorio mexicano es apto para el cultivo de cannabis, lo que significa que, al menos en cuestión agrícola, el país está listo para convertirse en una fábrica canábica bastante importante. Además, contamos con mano de obra barata, acceso a los mercados y un buen porcentaje de consumidores. Pero, como cualquier industria emergente, hay que tener paciencia. El aspecto en que se está batallando más es, sin duda, el tema del fondeo. Por ejemplo, en Estados Unidos, todos los fondos son aportaciones privadas, en gran medida porque los bancos están siendo muy cautelosos para invertir, dado que temen que el crimen organizado pueda estar detrás de muchos proyectos y los usen para lavar dinero. Así que calma.

Por otro lado, cuando una industria pasa de ser ilegal y se integra al segmento formal, es común que los márgenes se reduzcan, porque un porcentaje de las ganancias terminan destinándose a pagar impuestos y otros gastos relacionados con toda la infraestructura comercial. Dicho eso, tampoco creo que debamos preocuparnos tanto. La industria del cannabis ha tenido un incremento global de 2 400 por 124 veces su valor en los últimos cuatro años, y según los expertos podría llegar a crecer 400% en los siguientes años. Tan sólo en Canadá, que fue uno de los primeros países en donde se legalizó, la expansión ha sido tal que, en 2020, fue la segunda industria con la tasa de crecimiento más alta.

En ese sentido, hay una gran oportunidad y las barreras de entrada dependerán del sector al que nos queramos dedicar. Los negocios locales, como los dispensarios y la venta de productos tendrán, probablemente, las menores barreras de entrada. De cualquier modo, el negocio del cannabis es muy interesante y uno que vale mucho la pena explorar.

VUÉLVETE UN HACKER (BIOLÓGICO)
Productos y servicios relacionados con *biohacking*
Porque todo el mundo quiere ser joven mientras pueda

Idea: ofrecer productos y servicios relacionados con *biohacking*.
Mercado: *B2B*.
Addressable market: empresas asociadas con la comercialización de tecnologías enfocadas en *biohacking*, industria farmacéutica y de salud. Gimnasios, centros nutricionales, etcétera.
Readiness: alto.
Inversión: alta.

El *biohacking* consiste, básicamente, en combinar la ciencia y la tecnología para mejorar la salud, el bienestar y el rendimiento general de los individuos. Es una industria que está creciendo a niveles de 20.4%, con oportunidades valoradas en más de 50 000 millones de dólares durante los próximos siete años, y que se muestra muy prometedora para los emprendedores.

Entre los factores que han contribuido al crecimiento de este sector encontramos el desarrollo de nuevas tecnologías, como la neuronutrición, así como la implementación del internet en temas como el cuidado de la salud, la alimentación y el *fitness*. También ha impulsado el crecimiento del mercado la creciente demanda de dispositivos inteligentes y medicamentos provocada por la pandemia de covid-19. Muchas industrias farmacéuticas y de salud en general se han abierto a implementar productos y servicios relacionados con el *biohacking*. Y si bien aún existen muchas áreas grises, que tienen que ver con consideraciones legales y éticas, no podemos negar que toda iniciativa que implique optimizar a los humanos y su biología es un mercado importante.

Además, se trata de un sector bastante diverso. En un extremo del espectro encontramos a los *biohackers* que se enfocan en pequeños cambios en el estilo de vida y la dieta (ayuno intermitente, suplementos, proteínas, etcétera) y en el otro extremo encontramos a los *biohackers* que se dedican a crear herramientas y dispositivos como las inyecciones CRISPR o los implantes tecnológicos subdérmicos, los cuales, naturalmente, generan más suspicacia.

El *biohacking* también está muy enfocado en prolongar la expectativa de vida. Un caso interesante es el de Pipe Ramírez, un *biohacker* colombiano que ha digitalizado 90% de su cuerpo para llevar un monitoreo constante de su organismo y calcula que llegará a vivir hasta los 184 años, optimizando su biología de formas diversas.

La optimización biológica se relaciona con la necesidad de entender de dónde venimos y hacia dónde vamos. Si queremos seguir con los mismos hábitos o deseamos cambiarlos para poder prolongar nuestra esperanza de vida. Todos estos temas hablan directamente sobre la salud y el bienestar, temas que se han vuelto especialmente importantes después de la pandemia y que, por lo mismo, se presentan como un gran campo para explorar desde el punto de vista de los negocios.

ALUCINA UN NEGOCIO CON PSICODÉLICOS
Psilocibina para sanar
Porque es terapéutico, natural y está de moda

Idea: ofrecer productos y terapias con psicodélicos, particularmente con psilocibina.
Mercado: *B2C.*
Addressable market: terapeutas, psicólogos, psiquiatras, así como pacientes con trastornos mentales, depresión crónica, ansiedad, etcétera. Empresas públicas y privadas relacionadas con temas de salud mental.
Readiness: alto, sujeto a regulación.
Inversión: baja.

El mercado de psicodélicos está creciendo gracias a que cada vez es más aceptado el uso de este tipo de drogas para tratar la depresión, la ansiedad y muchos otros trastornos mentales. Esto está creando una fuerte demanda por parte de terapeutas y pacientes, quienes quieren acceder a este tipo de productos y terapias novedosas de forma segura.

La psilocibina, para quienes no lo sepan, es uno de los ingredientes activos en algunas especies de hongos alucinógenos, el cual se ha logrado sintetizar para su producción y uso en terapias para tratar la depresión que es resistente a los tratamientos tradicionales, así como la ansiedad y las adicciones. También se han visto buenos resultados para tratar sucesos traumáticos como violaciones y otros actos violentos.

De acuerdo con un informe de Data Bridge Market Research, se espera que el mercado alcance los 6 859.95 millones de dólares para 2027, un aumento de 16.3%, con respecto a los 2 077.90 millones de dólares en 2019. Es una oportunidad enorme y éste parece ser el momento preciso para entrarle, pues tras el confinamiento se ha desatado una crisis de salud mental que tiene pinta de ir a más, y cada vez son más las personas que buscan soluciones alternativas. Además, creo que, si sabemos mover muy bien nuestras piezas, México podría convertirse en un líder del mercado, porque es un país con larga tradición en el uso de sustancias psicodélicas.

Cualquier emprendedor que incursione en este mercado desde ahorita va a tener una gran probabilidad de éxito. Hay que buscar el modo de capitalizar todo este conocimiento ancestral que tenemos en Latinoamérica y darle la vuelta a los procesos psicoterapéuticos, con tratamientos novedosos. Y en eso sí quiero hacer mucho hincapié: se trata de enfocarnos en el uso de psicotrópicos para uso terapéutico, no recreativo. La oportunidad de negocio, hacia donde se dirige el mercado, es hacia allá, hacia el tema de salud, tal y como podemos comprobar con el auge del tratamiento con psilocibina.

Este tipo de terapia está cobrando fuerza en países como Estados Unidos, Inglaterra y España, pero en Latinoamérica aún es incipiente y yo creo que va a tardar algunos años en llegar. Por lo mismo, estamos muy a tiempo de ir viendo cómo podemos capitalizar la oportunidad.

CEPÍLLALE LOS DIENTES A OTRO
Tabletas dentífricas
Porque lo que no es para el planeta no puede serlo para el humano

Idea: producir tabletas dentífricas para reemplazar la pasta dental convencional.
Mercado: *B2C.*
Addressable market: público en general, odontólogos.
Readiness: alto.
Inversión: baja.

Cada año, más de novecientos millones de tubos de pasta de dientes ingresan a los vertederos y océanos de todo el mundo. Lo peor de todo es que tardan más de quinientos años en descomponerse y no se pueden reciclar por todos los materiales que contienen. Los tubos de pasta de dientes suelen contener aluminio y estar hechos de varios tipos de plástico, lo que hace prácticamente imposible que las plantas de reciclaje los separen y procesen.

La alternativa para solucionar este problema se encuentra en las tabletas dentífricas. Se trata de pasta de dientes convencional, pero en forma de tableta que puedes masticar y es más saludable porque contiene menos químicos nocivos. De esta manera, no sólo se elimina la necesidad del envase sino que se ofrece un producto más saludable. Además, muchas marcas de estas tabletas emplean bolsas y otros envases compostables con el fin de reducir la huella ambiental del producto y que pueden reenvasarse.

Este tipo de productos ha tenido un rápido crecimiento en Estados Unidos y varios países de Europa, en especial en los segmentos más jóvenes. Me parece que el mercado para este producto es enorme, porque puede encontrar distintos nichos: por un lado están las personas que se cuidan y quieren productos saludables, por el otro los ambientalistas y por el otro las personas que viajan en avión y sufren porque no se puede llevar pasta de dientes a bordo. Si realmente se logra educar al consumidor y uno cuenta con la maquinaria y la tecnología que hagan posible la fabricación de este producto, se pueden encontrar varios modelos de negocio para comercializarlo.

El nicho da para meterse, y sobre todo en Latinoamérica, porque aquí éste no es un producto conocido todavía y aún es caro traerlo. Una buena idea sería producirlo y que te lo compren las grandes empresas. Yo lo veo.

CONVIÉRTETE EN EL MERCADER DE LAS FLORES ETERNAS
Plantas preservadas
Porque todos queremos que lo bonito dure para siempre

Idea: producir y comercializar flores preservadas.
Mercado: *B2C*.
Addressable market: empresas y particulares.
Readiness: alto.
Inversión: alta.

Durante la última década, la demanda de flores preservadas o liofilizadas ha crecido exponencialmente en todo el mundo, particularmente en 2020. Si bien, poco antes de la pandemia, ya había un crecimiento sostenido de aproximadamente 7% anual, en regiones como Estados Unidos, Oceanía y Asia, durante la pandemia la demanda se incrementó en 18 por ciento. La razón: muchas personas empezaron a redecorar sus casas y vieron en este tipo de productos una manera original y eficaz para hacerlo.

El tratamiento que se utiliza convierte todo tipo de plantas y flores en piezas decorativas duraderas, las cuales requieren de un mantenimiento mínimo y, con los cuidados y condiciones correctas, pueden durar varios años. Esto permite emplearlas para todo tipo de situaciones o eventos. Además, suponen un ahorro considerable frente a la compra regular de flores frescas, por lo que terminan siendo una buena inversión para empresas y particulares que requieren constantemente de composiciones florales decorativas.

Por otra parte, en muchos lugares no es posible decorar con flores y plantas frescas debido a la falta de luz solar y la necesidad continua de regar y cuidar las plantas. En el caso de clínicas u hospitales, por ejemplo, su uso está prohibido por la posibilidad de alergias, insectos y picaduras. Las flores preservadas eliminan estas dificultades. Su larga duración y sus escasas condiciones de mantenimiento les brindan una ventaja competitiva contra las plantas y flores naturales. Súmale a eso el tema ecológico. Este tipo de flores contribuye a la preservación del medio ambiente, lo que las hace un producto bastante atractivo para la gente que es un consumidor consciente. En resumen: aquí hay un nicho. ¿Si vas viendo por dónde va la cosa?

En México —como en muchas partes del mundo— este tipo de flores eternas comenzó haciéndose popular entre los *millennials*. Se empleaba, generalmente, como regalo entre los jóvenes durante el día de san Valentín, sobre todo. El valor del producto era que duraba por muchos años, a diferencia de una flor común y corriente, y no requería de mantenimiento. Más adelante, se popularizó en redes sociales y fue creciendo.

En términos generales, el mercado de flores es inmenso: a nivel global representa poco más de 100 000 millones de dólares, y el mercado de este nicho de flores eternas vale aproximadamente 1 000 millones de dólares; es decir, no estamos hablando de un tema menor, se trata de un mercado que ya tiene tracción. Y si a la gran demanda le sumas que a nivel financiero también tienes muchas ventajas, pues ya vas viendo la dimensión del negocio. Te lo explico en comparación con el mercado de flores naturales, el cual tiene un costo alto, pues tienes que integrarte a la cadena de suministro y contar con que tendrás mucha merma de producto (las flores que no se venden se mueren y tienen que desecharse). En cambio, las flores eternas son productos de larga vida, por lo que pueden estar en venta por mucho tiempo. Esto supone un ahorro de costos en toda la cadena de suministros: proveedores, distribuidores, vendedores, y es otra de las razones por las que lo considero una gran oportunidad de negocio.

Si te interesa, puedes entrar a la producción y comercialización o dedicarte a negocios periféricos. Por ejemplo, entrarle al negocio de los químicos que les ponen a las flores para preservarlas, al formato de entrega, de logística, de anaquel, etcétera. Otra gran idea sería lanzar el producto a través de una plataforma y comercializarlo por internet. Tú decides cómo te quieres vincular a este negocio, lo importante es que sepas que existe un nicho para esto y que, desde el punto de vista de negocio, las flores preservadas son sin duda una inversión bastante rentable, además de bonita.

LLEVA EL GRANO DEL CAFETAL A LA LATA
Café listo para beber
Porque lo que importa está por dentro

Idea: comercializar café RTD.
Mercado: *B2C.*
Addressable market: consumidores de café, oficinistas, gerentes, CEO, deportistas.
Readiness: alto.
Inversión: baja.

Uno de los productos más vendidos de Amazon actualmente es el café listo para beber (*ready to drink*, RTD). Viene embotellado o enlatado, y es una excelente opción para la gente que vive de prisa. Una de las empresas que más productos de este tipo ha comercializado es Super Coffee. En 2018 vendió cuatro millones dólares; dos años después, en 2020, multiplicó más de diez veces esta cantidad, al obtener ingresos por 55 millones de dólares. Para 2021 había generado 57% más. Esto es suficiente para saber que la categoría está creciendo y que aquí hay una gran oportunidad.

Personalmente le atribuyo este éxito a que hoy la gente quiere todo mucho más rápido, cerca e inmediato. No quiere desplazarse ni tener que hacer ningún esfuerzo. Y esto va a seguir por mucho tiempo y grandes empresas, como Starbucks,

Nescafé y Costa Coffee lo saben y es por eso que ya andan explorando la forma de involucrarse. Si está a tu alcance y te interesa, creo que es una idea que tú también podrías explorar.

CAPITALIZA LA RISA
Capacitación empresarial divertida
Porque los equipos que ríen juntos, trabajan mejor

> **Idea:** ofrecer capacitación divertida a los empleados de las compañías.
> **Mercado:** *B2C*.
> **Addressable market:** empresas que necesiten capacitar a su plantilla laboral o resolver aspectos específicos de la dinámica entre sus empleados.
> **Readiness:** alto.
> **Inversión:** baja.

Cuando los colaboradores de una empresa sienten que su empleador se preocupa por su bienestar y promueve el equilibrio entre el trabajo y la vida personal, se sienten valorados y, en consecuencia, tienen un mejor rendimiento en sus labores. Cada vez son más las empresas que se dan cuenta de esto y de ahí que cada vez haya más gente interesada en contratar servicios de capacitación alternativa, que estimule y motive a las personas. A nivel global se espera que la industria de la capacitación corporativa alcance 417 212.5 millones de dólares para el año 2027, con un crecimiento de 9.4% anual en el periodo comprendido entre 2021 a 2027.

Como ves, hay una tendencia evidente aquí. Y aunque es cierto que hay muchas cosas que no pueden enseñarse de manera divertida, siempre se puede buscar un balance para que los empleados puedan relajarse y sentirse apreciados, cumpliendo y a veces superando sus objetivos. Es por eso que ofrecer a las empresas servicios de capacitación para su plantilla es una buena idea, pero ofrecer servicios de capacitación divertida es una excelente idea de negocio.

Hay que tener en cuenta que las personas retienen más información cuando están riéndose, o cuando es más divertida y energética la manera en que se les está transmitiendo la información. Eso sí, debe ser contenido entretenido, muy bien elaborado, pero sobre todo funcional. Probablemente, al principio, muchas empresas en Latinoamérica se muestren escépticas o renuentes a esta oferta, pero si la sabes vender y además demuestras con resultados, vas a ver cómo empieza a generarse un nicho interesante.

CREA UN GIMNASIO DIGITAL
Plataforma de *fitness online*
Porque si Mahoma no va al gym...

> **Idea:** desarrollar una plataforma de gimnasio *online*.
> **Mercado:** *B2B, B2C.*
> **Addressable market:** gimnasios, instructores *fitness*, público interesado en mantenerse en forma.
> **Readiness:** alto.
> **Inversión:** media.

Uno de los sectores más afectados por el confinamiento fue el de los gimnasios. Muchos, incluso, tuvieron que cerrar definitivamente. Pero hubo algunos que buscaron salidas ingeniosas que les permitieran sobrellevar la crisis. Fue así como se popularizaron todos los servicios en línea orientados a *fitness*.

En efecto, la parte digital de este negocio es un área de oportunidad muy atractiva. El mercado es muy amplio y sólo se requiere imaginación para buscar la manera de entrar en el negocio. Desde montar un gimnasio en línea con clases virtuales hasta vender en línea todo el equipo que pertenecía a los gimnasios que se arruinaron durante la pandemia. Hay de todo para hacer ahí. A fin de cuentas, estamos hablando de un mercado enorme, que vale poco más 96 billones de dólares a nivel global.

Quiero dedicar un par de líneas a la idea que, dentro de ésta, me parece más interesante: la de instructores *online*. Imagínate crear una plataforma donde la gente pudiera realizar las evaluaciones con nutricionistas y entrenadores, tomar las clases en vivo o grabadas, hacer los pagos y hasta de pronto interactuar con otros usuarios para crear comunidad. Yo creo que algo así sería un verdadero éxito. Los instructores podrían desentenderse de la infraestructura; de los esfuerzos de logística o de captación de clientes, y simplemente dedicarse a grabar su contenido. A cambio, la plataforma podría cobrar comisiones a los instructores o cobrar a los usuarios una suscripción. O las dos cosas. En cualquier caso sería estupendo porque todos los clientes que ya tiene cada instructor vendrían a la plataforma y así se multiplicarían los usuarios rápidamente.

Un ejemplo de lo que digo es E⁻oS Fitness, una aplicación móvil que ofrece servicios de *fitness* digitales, con clases personalizadas a diferentes niveles. Cuenta también con realidad virtual, lo que me parece una genialidad. Actualmente, la aplicación está muy enfocada en el mercado norteamericano de habla hispana, pero ya hay intenciones de expandirse hacia

Latinoamérica, donde el segmento de clase media es su *target* ideal. Tú puedes adelantarte creando algo parecido, aunque diferente. Pero tiene que ser YA. A ver, te veo.

VUÉLVETE AGRICULTOR DE HUERTAS VERTICALES
Agricultura vertical
Porque cada vez hay más bocas que alimentar

Idea: instalar huertas verticales.
Mercado: *B2B, B2C.*
Addressable market: tiendas de conveniencia, supermercados, agricultores.
Readiness: alto.
Inversión: baja.

Mucho se ha hablado de que la población mundial está creciendo a un ritmo mucho más rápido que nuestra capacidad para alimentarlo. Tan sólo en los próximos treinta años, necesitaremos alimentar a diez mil millones de personas, con menos agua y menos tierra cultivable de la que hay ahora. La escasez de recursos llama a crear métodos innovadores para cultivar alimentos de forma segura. Y ahí es cuando suena muy bien la idea de crear un negocio que tenga que ver con el tema de la agricultura vertical y en interiores. Supliría una necesidad y estaría a tono con la conciencia ambiental que ya traen instalada las nuevas generaciones.

Afortunadamente, la agricultura es la industria más adaptable del mundo. De hecho, no se necesita mucha originalidad para crear un negocio en este sector. Sólo hay que echar un vistazo al pasado para encontrar soluciones que podemos aplicar actualmente de forma eficaz. Ciertas prácticas de cultivo de la Antigüedad pueden brindarnos ideas para remodelar el futuro de nuestro sistema alimentario. Una de ellas es la agricultura vertical, que consiste en cultivar una planta encima de otra. Este método contribuye a la conservación del espacio y a su optimización, lo que da como resultado un mayor rendimiento de cultivo por pie cuadrado de tierra utilizada. Éstas se ubican principalmente en espacios interiores, como almacenes y viveros, los cuales cuentan con absoluto control de las condiciones ambientales para que los cultivos se desarrollen de manera exitosa. Es una solución estupenda para sembrar una gran cantidad de alimentos en un espacio reducido sin importar el clima y de tener alimentos frescos y saludables en las áreas urbanas o lugares donde las condiciones de cultivo no son las ideales.

Existe una clara tendencia de disminución de la tierra, por lo que resulta apremiante encontrar soluciones que nos permitan producir alimentos de forma sustentable. Y es evidente que ya hay gente haciéndolo: en Estados Unidos, tan sólo en 2021 se hicieron ochenta y cuatro acuerdos de negocio vinculados al tema de autoproducción de alimentos y se colocaron 1.8 billones de dólares en *startups* enfocadas en este nicho de mercado. Además ya hay buenos referentes: uno de ellos es Plenty, una *startup* en la que Walmart invirtió a principios de 2022. Otro caso relevante es el de la empresa emergente Bowery, que acaba de levantar 300 millones de dólares en su serie C, elevando, de esta manera, su financiación total por encima de los 472 millones y valorando la compañía en poco más de 2 000 millones de dólares. Desde el año 2020, esta *startup* presenta un crecimiento de 750%, con productos en más de ochocientos cincuenta establecimientos y cadenas de renombre como Safeway, Acme, Giant Food, Walmart y Whole Foods.

México aún se encuentra rezagado en este aspecto, pero hay una gran oportunidad en el mercado si se comienza a impulsar la migración hacia las culturas verdes. La cercanía con Estados Unidos y Canadá puede ser un factor positivo, porque estas naciones están muy interesadas en estos temas y eso podría facilitar la incorporación de nuevas tecnologías relacionadas en nuestro país.

Personalmente creo que se pueden encontrar nichos muy interesantes y novedosos. Por decir uno, montar un restaurante que tenga un huerto en el jardín, de manera que todo lo que se prepare sea con alimentos frescos, recién cosechados. Se trata de un mercado gigantesco, porque, como es evidente, cada vez somos más y hay menos tierra. Y cada vez seremos más los que nos demos cuenta de eso y querramos sumarnos a la causa. Y, quién sabe, quizá en un futuro nos interese más construir pisos de agricultura que rascacielos.

AYUDA A CRECER LA MASA MUSCULAR DE LOS ATLETAS
Nutrición de alto rendimiento
Porque en fitness, 20% es ejercicio y 80% es lo que comes

Idea: producir o comercializar productos especializados en nutrición de alto rendimiento.
Mercado: *B2B, B2C.*
Addressable market: gimnasios, centros de entrenamiento, atletas de alto rendimiento, centros deportivos, instructores, entrenadores, público en general.
Readiness: alto.
Inversión: baja.

Hace poco una persona cercana me recomendó buscar un nutriólogo especialista en deportes. Investigando al respecto me di cuenta de que en Latinoamérica esto existe, pero hay que buscarlo muy bien. Haría falta un *marketplace* enfocado en el mercado latinoamericano, donde los usuarios puedan contactar con nutriólogos de todo tipo, no necesariamente especializados en deporte o en atletas de alto rendimiento, porque el mercado de la nutrición, y especialmente con miras al alto rendimiento, está creciendo aceleradamente. Si no, mira la explosión de productos que hay en el mercado pensando en eso: bebidas, fórmulas, suplementos en polvo, cápsulas con micronutrientes y minerales, panes de proteínas, galletas y barras nutritivas, etcétera. Todo pensando en mejorar el rendimiento durante la actividad física y en potenciar los resultados de la misma.

El tema es que muchos de esos productos son importados y yo me pregunto: ¿por qué no crear una producción local? Ésa sería una estupenda idea de negocio. Otra idea sería entrar en la cadena de suministro y comercializar los productos de fuera en el mercado mexicano.

ÉCHALE BALDES DE AGUA FRÍA A LA GENTE
Equipo para crioterapia
Porque así cualquiera se espabila

Idea: producir o comercializar equipos portátiles para crioterapia.
Mercado: *B2B, B2C.*
Addressable market: pacientes con cáncer, lesiones en la piel, alzhéimer, artritis y otras enfermedades; atletas de alto rendimiento; spas y centros de relajación.
Readiness: alto.
Inversión: baja.

La crioterapia es una terapia médica que trata algunas dolencias y malestares corporales aplicando bajas temperaturas de manera local o general. Entre otras cosas, reduce las migrañas, da claridad mental, brinda energía, mejora la circulación, calma y reduce el dolor, ayuda en el tratamiento de tumores, previene la demencia y el alzhéimer y mejora la dermatitis y otras lesiones en la piel. Mejor dicho, es la panacea. Sin embargo, como se requieren equipos especializados para realizarla, hasta ahora esta terapia sólo puede recibirse en sitios especializados como clínicas, spas y otros centros de salud que la ofrecen. De ahí que durante los últimos años algunas compañías han empezado a desarrollar tanques portátiles para que la gente pueda tenerlos en casa y sumergirse regularmente en agua helada.

Una buena idea de negocio sería contactar con esas empresas y comercializar los tanques o, si eres más arriesgado, producirlos tú mismo. Creo que valdría mucho la pena, pues es una terapia que se ha popularizado bastante en los últimos años —entre otras cosas gracias a las publicaciones en Instagram de varios *celebrities* y *speakers* que promueven esta terapia— y que tiene pinta de ir a más. Para que te hagas una idea, en 2019 este mercado era de 206 millones de dólares y se espera que para 2024 sea de 319 millones, lo que representará un crecimiento de 9.1% en cinco años. Entonces qué, ¿aceptas el reto *ice bucket*? El que sí da plata.

HAZTE RICO CON LA RABIA AJENA
Cuartos de ira
Porque todos queremos destruir algo de vez en cuando

Idea: ofrecer espacios terapéuticos para la liberación de la ira.
Mercado: *B2C*.
Addressable market: empleados, empresas, compañías y equipos de trabajo que manejen mucho estrés.
Readiness: alto.
Inversión: alta.

Los cuartos de ira son un espacio terapéutico que te permite sacar el enojo y el estrés en un ambiente seguro y controlado, sin sentirte culpable y sin destruir lo que encuentras a tu paso. Se trata de un concepto novedoso y muy original que ha venido tomando fuerza y en el que encuentro una excelente oportunidad de negocio. Su premisa es simple: no hay mejor manera de descargar la ira que destruyendo cosas, entonces démosle a la gente eso, pero en un lugar seguro, donde nadie salga lastimado.

Hay compañías que se dedican a encontrar los espacios adecuados para que la gente pueda destruir cosas a sus anchas y consiguen objetos para reventar —de preferencia electrodomésticos—, herramientas de destrucción y equipo de protección para que los usuarios no sufran ningún daño.

A veces también se ofrecen cuartos en los que la gente puede grafitear paredes y objetos, los cuales están dirigidos a personas que no se sienten cómodas destruyendo cosas.

Sea cual sea el método, la finalidad es liberar el enojo y divertirse. Es una propuesta que trae buena tracción y no es muy difícil de implementar.

EXPLOTA LA MINA DE ORO VERDE
Derivados del aguacate
Porque si la vida te da aguacates, haz guacamole

Idea: ofrecer derivados del aguacate.
Mercado: *B2B, B2C.*
Addressable market: público y empresas en general.
Readiness: alto.
Inversión: alta.

El mercado del aguacate tiene un crecimiento anual arriba de 40 y 50% desde hace tres años. Se sitúa en cuarta posición, sólo detrás de los plátanos, las uvas y las manzanas. Además, tiene unas perspectivas de incremento de 6% para 2026, lo que nos da una idea del potencial de mercado que tiene. En pocas palabras, el aguacate es oro verde.

México domina el mercado con 50% de la producción mundial y Estados Unidos es su mercado de exportación más importante, sobre todo en febrero, cuando la demanda alcanza su pico por los nachos que se come la gente en el Super Bowl. Sin embargo, aunque estamos aprovechando bastante bien el fruto, creo que se nos está yendo un poco de las manos el mercado de derivados del aguacate. Es un sector de mucha oportunidad y también está creciendo a ritmos acelerados: me refiero a productos como el aceite de aguacate, las mayonesas de aguacate e incluso productos biodegradables como platos y popotes hechos con la semilla del aguacate. Porque si no lo sabes, el procesamiento industrial de los derivados del aguacate genera anualmente más de 1.2 millones de toneladas de cáscaras y semillas de aguacate para elaborar materiales que se degradan en cuestión de días, a diferencia de otros que tardan hasta quinientos años en degradarse. Actualmente, hay una compañía en Morelia llamada Biofase, que se está encargando de hacer estos procesos y producen todo tipo de materiales, como cubiertos, popotes y bolsas. Sería algo para mirar. Sea eso o cualquier otro producto comestible, creo que harías bien en explorar este mercado.

VE DIRECTO AL GRANO
Medicamentos para el acné
Porque todos queremos una piel limpia y sana

> **Idea:** comercializar productos para el tratamiento del acné.
> **Mercado:** *B2C*.
> **Addressable market:** clínicas de belleza, tiendas minoristas, farmacias, pacientes con acné, dermatólogos.
> **Readiness:** alto.
> **Inversión:** alta.

En 2019 el mercado de los productos para el tratamiento del acné se valoró en poco más 11 000 millones de dólares, y se espera que aumente a más de 15 000 millones en 2030. Entre los factores que contribuyen al crecimiento encontramos, evidentemente, un aumento en la prevalencia de casos de acné, pero también el desarrollo de medicamentos más efectivos con menos efectos secundarios.

Estos factores han contribuido para que algunas marcas aprovechen la situación y se pongan a la cabeza del sector; una de ellas es Hero Cosmetics, que logró un crecimiento de 300% durante el año 2020, gracias a su línea de parches Mighty Patch. La compañía esperaba ventas por más de 80 millones para 2021. Cualquier negocio relacionado con este tema me parece una buena oportunidad.

AYUDA A DETECTAR EL CÁNCER DE MAMA
Herramientas para el diagnóstico temprano de cáncer de mama
Porque una información a tiempo te puede salvar la vida

> **Idea:** desarrollar y comercializar tecnología y productos innovadores para el diagnóstico de cáncer oportuno.
> **Mercado:** *B2B, B2C.*
> **Addressable market:** mujeres con cáncer de mama, hospitales, clínicas de salud.
> **Readiness:** alto.
> **Inversión:** baja.

El mercado de la terapia del cáncer de mama se valoró en 20 206 millones de dólares en 2020 y se espera que alcance aproximadamente 32 603 millones para el año 2026, lo que significaría un crecimiento de 8.3% durante este periodo. De ahí que también estén creciendo las inversiones en Investigación y Desarrollo para los instrumentos de medición, desarrollo de fármacos y herramientas que ayuden a la detección temprana de la enfermedad.

En México hay un campo de oportunidad interesante para esto, en especial en lo que se refiere al cáncer de mama. Para empezar porque la mitad de la población está compuesta por mujeres, de las cuales diecinueve millones se encuentran entre los 40 y 69 años de edad, franja en la que es más común desarrollar este tipo de cáncer. Si una de cada ocho de esas mujeres lo padece, como indican las estadísticas, tendríamos un estimado de 4.6 millones de casos.

Esto contrasta con el hecho de que en México hay sólo trescientos cuarenta y seis radiólogos especializados, lo que significa que cada uno de ellos tendría que analizar, aproximadamente, cincuenta y cinco mastografías diariamente.

Al pensar en eso, Julián Ríos, un ingeniero mexicano, creó Eva, un sostén que permite detectar de forma oportuna y accesible la enfermedad. Con esta iniciativa logró levantar alrededor de tres millones de dólares en su última ronda de inversión, llevando el total de recaudación de fondos a un poco más de 14 millones de dólares en sólo cinco años. Otra *startup* innovadora en el campo es Labinnova, una compañía que implementó una nueva metodología que permite recolectar pruebas físicas a través del aliento y detectar el cáncer de mama a tiempo.

Es de verdad un orgullo que cerebros mexicanos estén desarrollando tecnología que brinde soluciones a esta enfermedad que aqueja a millones de mujeres en el mundo. Si tú tienes oportunidad de aportar a este mercado, deberías hacerlo, pues hay muchas mujeres que podrían beneficiarse de ello y, además de hacer un gran aporte a la sociedad, podrías ganar mucho dinero.

ALQUILA TUS *SNEAKERS*
Renta de zapatillas deportivas
*Porque la economía compartida puede salvar
al planeta (quizá)*

> **Idea:** alquilar calzado deportivo a través de una suscripción.
> **Mercado:** *B2C.*
> **Addressable market:** compradores de calzado deportivo.
> **Readiness:** alto.
> **Inversión:** alta.

Hace poco me encontraba en Las Vegas y por determinadas circunstancias me metí a un *mall*. De repente vi una fila enorme; no te miento, era como de doscientas personas, y aunque al principio pensé que se trataba de alguna cuestión sanitaria o que la gente estaba haciendo filas por las restricciones de sana distancia o algo semejante, pronto me di cuenta de que no era nada de eso. ¡La gente estaba haciendo fila para entrar en una tienda de zapatos deportivos! Esto me llevó a investigar un poco.

La industria del *sneaker* es una de las de mayor sobreproducción, dado que sus ingresos se basan en el consumo repetitivo del producto, mucho más que en su misma utilidad. Estamos hablando, además, de un producto que es perecedero, es decir, lo usas y lo desechas en poco tiempo, en cuestión de meses, muchas veces. Este consumo repetitivo y desmedido está fomentado, en gran medida, por el lanzamiento constante de nuevos productos (hay marcas que sacan nuevos modelos semanalmente) y por la gran demanda que existe por parte de los consumidores, quienes parecen estar obsesionados con tener el modelo de moda.

Desde luego esto plantea un problema enorme para el medio ambiente. ¿Te imaginas cuánto plástico y desperdicios puede dejar este tipo de consumo? Se ve que los directivos de la compañía KYX World se hicieron esa pregunta y para contrarrestar lo que encontraron, lanzaron un negocio muy innovador: una tienda de alquiler de *sneakers*. *A priori* parecería una idea descabellada, pero no lo es.

Para empezar, los modelos de negocio basados en el alquiler están cobrando fuerza desde hace ya un buen tiempo. La economía compartida, como se le llama, es un modelo no tradicional, pero ha resultado ser muy redituable. Empresas como Uber y Airbnb y muchas otras han sabido adoptar este modelo de manera eficaz, provocando una estampida de otras compañías que quieren imitarlas.

Pues a eso es a lo que le apunta este negocio de alquiler de zapatillas. Y ha encontrado su público porque hoy en día hay un buen porcentaje de consumidores conscientes del medio ambiente que buscan alternativas para no dañarlo tanto. Los modelos de alquiler se insertan muy bien en esta exigencia del mercado, precisamente porque contrarrestan el desperdicio y la sobreproducción de la industria del calzado deportivo.

La propuesta de KYX World ha demostrado ser exitosa y se espera que el número de suscriptores pase de novecientos a cuatro mil tan sólo en un año. Su inventario cuenta con algo más de tres mil pares de zapatos, distribuidos en doscientos setenta y cinco estilos para hombres y mujeres y cuestan entre 200 y 2000 dólares en tienda. Los suscriptores pueden alquilar los que quieran por una cuota que puede ser desde los 49 hasta los 599 dólares al mes. Esto les permite recibir entre uno y cuatro pares de *sneakers* mensualmente, nuevos o ligeramente usados, según decida. Al mes siguiente debe devolver el calzado y recibe uno nuevo. Ahora, si un par le ha gustado mucho, tiene la opción de comprarlo.

A mí me parece una gran idea. Sobre todo porque el modelo de negocios de KYX World es relativamente fácil de implementar, siempre y cuando se encuentre una logística eficaz, que permita enviar y recibir los zapatos, limpiarlos, mantenerlos en buen estado, etcétera.

Si las zapatillas deportivas te encantan, puedes apuntarte a hacer algo así. Si no, puedes adaptar la idea del alquiler a otras cosas sabiendo que hay un buen nicho para ello: la industria de renta de ropa usada es de 1.3 millones de dólares, lo que demuestra que hay una gran oportunidad para este tipo de negocios.

SALVA UNA VIDA (O MILLONES)
Tratamiento *online* de enfermedades de salud mental
Porque hay consultas que no pueden esperar

> **Idea:** crear aplicaciones o páginas web para el acompañamiento de enfermedades y trastornos mentales.
> **Mercado:** *B2B, B2C.*
> **Addressable market:** público en general.
> **Readiness:** alto.
> **Inversión:** alta.

Desde 2020 México ha registrado un incremento considerable en las tasas de ansiedad, depresión, adicción y estrés postraumático También desde entonces se ha visto una recaída y exacerbación de los síntomas de enfermedades de salud mental en personas con condiciones preexistentes. Esto, contrastado con lo limitados y costosos que son los servicios de atención especializada en nuestro país, ha dejado a muchas personas desatendidas, aisladas y vulnerables.

Es una situación sin duda crítica y, por lo mismo, es un terreno muy fértil para hacer negocio con algo que puede salvarle la vida a la gente, literalmente. Imagínate todas las personas que podrían beneficiarse de una iniciativa que les permitiera tener un apoyo y acompañamiento terapéutico en el momento preciso. Ahí hay un nicho.

Así lo demuestra el caso de YANA, una aplicación para teléfonos inteligentes de origen mexicano, que ayuda a las personas a lidiar con problemas de depresión y ansiedad. YANA —acrónimo de *You Are Not Alone* (tú no estás solo)— es un chatbot que se presenta como acompañante emocional virtual para brindar acompañamiento a personas que necesitan descargar sus emociones.

El chatbot está programado para dar asistencia con base en nociones de Terapia Cognitiva Conductual (TCC), si bien se advierte que no es un reemplazo de la terapia profesional, sino únicamente una herramienta de apoyo. La aplicación brinda a los usuarios la posibilidad de hacerse un monitoreo mental, conocido internacionalmente como el Cuestionario PHQ-4, que tiene la finalidad de encontrar posibles síntomas de depresión y ansiedad.

Andrea Campos, la creadora de YANA, inició el proyecto como una aplicación beta en Facebook Messenger en 2018 y para marzo de 2020 ya había logrado levantar una ronda de capital de 315 000 dólares para lanzarse como una app independiente. A casi dos años de haber sido lanzada formalmente, la plataforma contabiliza 2.6 millones de usuarios activos en toda Latinoamérica.

Éste es tan solo un ejemplo de lo grande que es el mercado de la salud mental y de lo desatendido que está en ciertos países. El mercado se puede explorar de muchas maneras, puedes ofrecer acompañamiento emocional o incluso crear una plataforma de asistencia psicológica. Actualmente el gobierno está desarrollando una para acompañar sus servicios de atención telefónica denominados Línea de la Vida, pero aún es un proyecto. Si esta idea o este mercado te interesan, éste es el momento para entrarle. No sólo porque la demanda está creciendo, sino porque la gente lo necesita lo más pronto posible.

LLEVA LA MEDICINA ADONDE SE NECESITA
Farmacias en línea
Porque todo el mundo quiere ahorrar tiempo y dinero, especialmente cuando está enfermo

Idea: vender productos de farmacia a domicilio
Mercado: *B2C.*
Addressable market: pacientes con enfermedades crónicas.
Readiness: alto.
Inversión: alta.

Con la llegada de la pandemia muchos negocios se vieron obligados a cambiar sus estrategias de venta. Como los contactos de persona a persona quedaron restringidos al mínimo, los consumidores se volcaron hacia la compra en línea de todo tipo de productos, desde comestibles hasta colchones. Y el sector farmacéutico no fue la excepción. Muy rápidamente, las farmacias comenzaron a ver un incremento en la demanda de entregas a domicilio y, en consecuencia, empezaron a surgir diversas plataformas que permitían comprar medicamentos con o sin receta por esa vía.

Hasta hace poco, la venta minorista tradicional de medicamentos prevalecía en el mercado, pero recientemente, gracias a las innovaciones tecnológicas, algunos enfoques novedosos están revolucionando el mercado. Por otro lado, la implementación de modelos de negocio O2O (*Online to Offline*) por parte de los principales actores está generando nuevas vías de crecimiento. Tan es así, que los expertos proyectan que el mercado para este tipo de servicios de entrega se incrementará en un aproximado de 18.4% durante el periodo comprendido entre 2020 y 2030, con lo que alcanzará una valoración de 434.3 millones de dólares.

Uno de estos modelos novedosos de farmacia en línea lo encontré en México. Su nombre es Vitau y fue fundado por Tuto Assau y Alejandro Lozano hace un par de años. El proyecto surgió en Monterrey como una farmacia en línea para pacientes con padecimientos crónicos, particularmente diabetes, ya que uno de sus fundadores padece esta enfermedad desde muy joven. Además de la entrega a domicilio, ofrecen suscripciones a los pacientes, lo que a estos últimos les permite calendarizar sus entregas con base en los requerimientos de su tratamiento y obtener descuentos. Además, si el cliente lo requiere, Vitau lo apoya con la gestión y trámite del reembolso con la aseguradora, en caso de que la receta esté incluida en el seguro.

El proceso es completamente digital: Vitau le notifica al paciente con anticipación sobre su próxima entrega, con lo cual ahorra tiempo y dinero. Una vez gestionado el pedido, la farmacia envía los medicamentos sin costo al domicilio fijado.

Pienso que éste es un gran ejemplo de lo que se podría hacer con este tema. El mercado es enorme y, aunque no hagas exactamente lo que hace Vitau, creo que te puede servir de inspiración si acaso te interesa el tema y quieres lanzarte a crear alguna farmacia digital o algo que se le parezca.

PON LAS CONSULTAS MÉDICAS A UN CLIC DE DISTANCIA
Doctores *online*
Porque conseguir una cita médica debería ser mucho más fácil

Idea: crear una app que ofrezca soporte médico en línea.
Mercado: *B2C*.
Addressable market: público en general.
Readiness: alto.
Inversión: baja.

Hace poco me topé con una *startup* colombiana que hace consultas médicas a distancia, y acaba de levantar cerca de tres millones de dólares en su ronda de inversión. Lo que me gustó del asunto es que, a diferencia de otros estudios de telemedicina, los médicos, aquí, se comunican únicamente mediante mensajes de texto. Es un enfoque muy interesante, porque te permite aprovechar al máximo a tus médicos. Es decir, aun con una plantilla de médicos reducida, puedes tener un gran alcance y lograr mucha más capacidad de atención.

Aunque probablemente tendría que ser el mismo doctor el que te diagnostique y haga seguimiento, también podría contarse con un equipo de médicos que puedan ofrecer una atención integral. Eso sí, es importante integrar una plantilla de profesionales que posean una sólida reputación y sean expertos en el tema.

Otra idea es hacer una plataforma tipo Uber especializada en consultas médicas, donde la gente pueda ir calificando a los médicos de acuerdo con su calidad y nivel de atención. Esto se puede integrar con el cobro en línea, la emisión de recetas e incluso vincularse con algunas farmacias para hacer pedidos en línea. Otra posibilidad es manejar un sistema de consultas a partir de una cuota de suscripción, que te permita tener consultas por chat o virtuales.

Como ves, hay varias ideas para desarrollar a partir de aquí. Lo importante es saber que hay mercado para esto y que ya está funcionando en otros lugares.

RESUCITA LOS MUEBLES MUERTOS
Muebles reformados
Porque hasta tu sofá merece una segunda oportunidad

Idea: comprar muebles usados, reformarlos y venderlos.
Mercado: *B2B, B2C.*
Addressable market: mueblerías, público interesado en productos *vintage.*
Readiness: alto.
Inversión: baja.

Empecemos con un dato interesante: los estadounidenses arrojan doce millones de toneladas de muebles al año, cifra que contrasta enormemente con las últimas estimaciones sobre el mercado de muebles en el mundo, las cuales calculan que es de aproximadamente cuatrocientos ochenta billones.

La pregunta es: ¿qué ocurriría si mantuviéramos en circulación todas estas piezas que se desechan? Al parecer es lo que muchas grandes compañías se están preguntando, ya que son cada vez más las que fomentan la compra y venta de muebles usados. También hay un número creciente de *startups* que se dedican a la compra y venta de muebles usados. Su objetivo es buscar formas innovadoras de reducir el desperdicio y el impacto ambiental, fomentando la economía circular.

Y es que la huella ambiental que emite la fabricación y envío de un solo mueble es de, aproximadamente, noventa kilogramos de carbono, lo que es equivalente a volar un Boeing 747 durante una hora. Sin contar con la cantidad de madera, metal y plástico necesarios para crearlos. A nivel ambiental es muy buena idea y a nivel negocio también lo es: la industria de los muebles usados ya es de 29 billones de dólares.

La iniciativa de estas *startups* nace en gran parte en oposición a empresas como Ikea, que fabrica muebles temporales, por no decir desechables, pensados para que duren un par de años y luego tengan que ser reemplazados (es como la obsolescencia programada de los productos electrónicos, pero en muebles).

Creo que aquí hay una oportunidad interesante; para empezar, porque cuando uno adquiere un mueble nuevo casi siempre tiene que deshacerse del mueble que está sustituyendo y eso no siempre es sencillo. Hay veces que ni regalándolo podemos deshacernos de él, sobre todo si está feo, es pesado o en un estado tan deplorable que requiere de cierta inversión para rescatarlo. Una buena idea sería ofrecer el servicio de facilitación de ese proceso. Podrías acercarte a las mueblerías y proponerles que ofrezcan a sus clientes el servicio de retirar el mueble viejo que quieren reemplazar. Las mueblerías estarán de acuerdo porque es un valor agregado a su producto: no sólo te venden el mueble, sino que te ayudan a deshacerte del anterior. De este modo tú tendrías capturado el producto usado para revenderlo y darle, de esta manera, un poquito más de fluidez a la transacción. Independientemente del método que utilices o la idea que crees alrededor de ésta, yo creo aquí puede haber algo interesante. Piénsalo.

ÉNTRALE A LOS SUPERALIMENTOS Y OBTÉN SUPERRENDIMIENTOS
Superalimentos
Porque las algas también tienen lo suyo

> **Idea:** comercialización de superalimentos, como la espirulina, la mayor fuente de proteína en el mundo.
> **Mercado:** *B2C.*
> **Addressable market:** personas que buscan mejorar su alimentación, deportistas, gente saludable, *influencers.*
> **Readiness:** alto.
> **Inversión:** baja.

El mercado de los superalimentos está creciendo y no sin razón: cada vez hay más personas interesadas en alimentarse bien y en utilizar la comida para potenciar su energía y rendimiento tanto físico como mental. Entiendo que el tema se ha vuelto un tanto confuso, porque a veces parece que todo nos lo venden como un «superalimento» y quizá sea eso lo que ha desmotivado a los empresarios para entrar en el mercado.

Sin embargo, yo estoy convencido de que aquí puede haber una muy buena oportunidad, pues estamos hablando de productos caros, dirigidos a un nicho que no tiene problema en pagarlos y por eso mismo pueden dejar muy buenos márgenes, especialmente si eliges aquellos cuyos beneficios tengan respaldo científico.

Ése es el caso de la espirulina, por ejemplo. Es un alga marina que tiene la mayor fuente de proteínas del mundo (57 g de proteína en cada 100 g). Además, ofrece muchos otros nutrientes y está comprobado que tiene propiedades antioxidantes, analgésicas, antiinflamatorias y protectoras del cerebro. Tan sólo en 2019 su mercado se valoró en 393.6 millones de dólares a nivel global y se prevé que alcance los 897.61 millones para 2027, registrando un índice de 10.5% en ocho años. Como este superalimento hay muchos otros y te recomiendo que lo tengas en cuenta como posible mercado para explorar, pues cada vez hay más personas buscando alternativas naturales. Sobre todo ahora que la salud se ha vuelto un tema prioritario y la gente está dispuesta a invertir un poco más de dinero en su alimentación.

MÉTETE EN LA CASA DE LA GENTE
Consultoría en *home improvement*
Porque tu hogar es tu templo

Idea: ofrecer consultoría para tu casa. Creación de espacios híbridos.
Mercado: *B2C.*
Addressable market: público en general, casas, escuelas, hoteles, oficinas, lugares de negocios, clínicas, etcétera.
Readiness: alto.
Inversión: baja.

Uno de los sectores más favorecidos durante la pandemia fue el del *home improvement*, enfocado en las mejoras y reparaciones del hogar. Las acciones de empresas que venden productos relacionados a este sector vieron un incremento considerable durante 2020, desde las compañías que se dedican a la venta de mobiliario hasta las que comercializan productos inteligentes para el hogar. ¿Por qué?

Como el confinamiento nos obligó a pasar más tiempo en casa, muchas personas empezaron a realizar reparaciones que habían aplazado durante años o a mejorar el espacio como una forma terapéutica de sobrellevar el encierro. A fin de cuentas, se habían acabado los pretextos: había tiempo libre de sobra y ningún sitio a donde ir. Así mismo, el trabajo desde casa obligó a muchos a renovar ciertos espacios y acondicionarlos como oficinas para, entre otras cosas, lucir bien durante las conferencias virtuales. Otro factor que contribuyó al alza de este sector fue el aumento de los precios inmobiliarios. Al ver que la idea de comprar un nuevo hogar no era tan viable, mucha gente prefirió mejorar sus viviendas actuales a adquirir una nueva.

Aunque la pandemia pase y volvamos a la oficina, no creo que sea un sector que vaya a dejar de ser importante, precisamente porque lo que vivimos provocó en muchos un cambio de paradigma y nos obligó a priorizar nuestro bienestar. Por ejemplo, nos hicimos más conscientes del gasto de luz, porque teníamos que pasar varias horas trabajando en el hogar, con todos nuestros aparatos consumiendo energía eléctrica que antes, cuando íbamos a la oficina, no lo hacían. Algunos comenzamos a ver la posibilidad de invertir en paneles solares. Luego, también estaba el tema de la salud, de mejorar los espacios para que hubiese una correcta ventilación, no sólo por una cuestión sanitaria, sino también holística, integral: donde estuviésemos a gusto, pero también espacios donde poder ejercitarnos, relajarnos o simplemente pasar el tiempo. Éstos y otros factores han motivado que sigamos haciendo ajustes en la forma en la que vivimos a mediano plazo. Tal vez muchos no tenían el dinero para instalar paneles solares en ese momento, pero la motivación existe. Tal vez muchos no podían invertir en mejorar la calidad del agua, o del aire, pero este cambio de mentalidad nos hace ver que es forzoso y debemos hacerlo, aunque sea a mediano plazo.

Así mismo, las oficinas, los espacios corporativos, las escuelas, los restaurantes y en general todos los negocios tienen que ajustarse a esta nueva realidad y hacer las mejoras necesarias para garantizar espacios más saludables, sustentables, con certificaciones ecológicas y demás. Es por eso que el sector tiene todavía muchos meses de oportunidad.

Podrías convertirte en algo así como consultor de salud y bienestar de los espacios. Evaluarías las condiciones del lugar y verías cómo se puede mejorar en diferentes aspectos: eficiencia energética, calidad del agua, ventilación adecuada, distribución de espacios, decoración, etcétera. Probablemente se pueda hacer de forma virtual o incluso mediante una aplicación que permita ir optimizando tu hogar y con un número de contacto en caso de que se requiera de la asesoría del experto.

Hay muchas personas que desean mejorar su calidad de vida y que estarían dispuestas a contratar este servicio para elevar su salud y su bienestar. Si esto es algo que te interesa y tienes las herramientas para hacerlo, no lo demoraría, la ventana de oportunidad es ya.

ALIMENTA A UN VEGANO
Comida y suplementos a base de plantas
Porque la alimentación consciente es el pan de hoy

Idea: comercializar productos veganos y suplementos alimenticios para deportistas.
Mercado: *B2C*.
Addressable market: veganos, deportistas y público en general interesado en alimentos a base de plantas.
Readiness: alto.
Inversión: baja.

Los hábitos de consumo muchas veces están determinados por modas pasajeras, especialmente en la alimentación. A primera vista, el mercado de alimentos a base de plantas podría parecer una de estas modas, pero lo cierto es que no lo es. Esta industria se ha ido consolidando durante décadas y hoy es uno de los mercados más fuertes globalmente.

Las alternativas vegetales a alimentos tradicionalmente cárnicos se han convertido en una opción a largo plazo para los consumidores de todo el mundo, y aunque el consumo de carne y lácteos continúa creciendo, así mismo lo hace esta rama de la alimentación. Mucha gente consume este tipo de alimentos por motivos de salud, pero también existen quienes migran a este sistema por otras razones como el activismo animal, la preservación del medio ambiente y el bienestar integral.

Sin importar la causa, lo importante es que este grupo de personas va creciendo aceleradamente. Para que te des una idea: hace quince años había sólo unos cientos de miles de veganos en todo Estados Unidos. Al día de hoy, existen poco más de diez millones. Para 2027 se pronostica que este segmento de la población, únicamente en ese país, generará 74.2 millones de dólares con un crecimiento arriba de 15% anual.

En lo personal, creo que esta tendencia de crecimiento no va a parar, porque, aunque la gente no sea vegana, las generaciones más jóvenes están siendo más conscientes sobre su alimentación y buscan un consumo más responsable con el medio ambiente. De ahí que muchas empresas vean este sector como uno muy atractivo y descubran una gran oportunidad de negocio en la oferta de productos a base de plantas.

Como ves, aquí hay varias oportunidades de negocio, pues se trata de un mercado enorme con una tendencia al alza. De hecho, se estima que, en los próximos diez años, prácticamente todos los suplementos, bebidas y energizantes para deportistas estarán hechos a base de plantas. Además, hay versatilidad: puedes concentrarte en alimentos o ver hacia el tema de suplementos alimentarios, los que también tienen alta demanda. Sea que te decantes por una cosa o por otra, te aseguro buen éxito si te metes por esta línea.

ÉCHATE UNA CHELITA, AUNQUE SEA SIN ALCOHOL
Cervezas artesanales
Porque tomar trago está pasado de moda

Idea: desarrollo de cervezas artesanales de nicho, una posibilidad de cerveza sin alcohol.
Mercado: *B2C.*
Addressable market: adultos amantes de la cerveza.
Readiness: alto.
Inversión: alta.

En México, el mercado de cervezas artesanales es relativamente nuevo. Existe desde hace algunos años, pero no fue sino hasta 2018 que todo mundo comenzó a subirse al tren. A muchas marcas les fue bien, e incluso hubo algunas que fueron compradas por empresas más grandes, como Heineken o Grupo Modelo, lo que nos indica que no sólo es una buena oportunidad de negocio, sino que, además, no debe ser tan difícil.

Ahora bien, el mercado la cerveza artesanal ahorita está saturado, pero hay algunas ventanas por las que puedes colarte si te interesa. Una de éstas es la cerveza artesanal sin alcohol, una categoría que se está poniendo muy interesante. Para tentarte, te cuento de un caso muy sonado de un productor de cerveza artesanal que hace no mucho decidió entrarle al mercado de cerveza sin alcohol y tan sólo en 2020, gracias al confinamiento, llegó a quintuplicar sus ventas. De tres millones de dólares pasó a quince millones. Algo verdaderamente impresionante. Únicamente en Estados Unidos, este mercado ahora vale alrededor de 187 millones de dólares. Y va para arriba.

Y es que si tuvimos una oportunidad para tomar cuanto quisiéramos, ésa ocurrió en 2020. Parecía que el confinamiento nos hubiera dado el permiso para tomar y seguir tomando. O por lo menos así lo indicaron las tendencias de consumo, que marcaron la ingesta de alcohol como una de las tendencias importantes. Hay encuestas en Estados Unidos que dicen que los adultos por encima de los treinta años incrementaron su consumo de alcohol en 14 por ciento. Y si eso es de consumo de bebidas alcohólicas, entonces ¿por qué lo menciono? Porque al mismo tiempo, según estadísticas, 40% de los estudiantes a tiempo completo, de entre 16 y 24 años, decidieron dejar atrás el alcohol y optar por alternativas no alcohólicas de productos como la cerveza. Es un dato interesante porque no estamos hablando de atletas o gente a la que le gusta lo saludable, sino de jóvenes, comunes y corrientes, que por la razón que sea ya no le encuentran el chiste a emborracharse.

Resulta paradójico —o quizás no tanto— que así como aumentó el consumo de alcohol en 2020, ése también fue el año en que se dispararon la ventas de cervezas sin alcohol. Y digo «no tanto», porque hay que tener en cuenta que en algunas partes se aplicó la ley seca, lo que significó una gran oportunidad para los productos sin alcohol. Una oportunidad que algunos supieron capitalizar al grado que ya se va creando una tendencia de consumo y ahora hay cada vez más empresas que están abriendo su propia línea de cervezas sin alcohol. Es el caso de Heineken, que ya cuenta con cincuenta etiquetas de productos sin alcohol en el mercado. De igual forma, Anheuser-Busch estima que, para el año 2026, una quinta parte de sus ventas completas va a provenir de los productos sin alcohol.

Como ves, es un mercado donde hay gran oportunidad, así que no le pierdas la pista.

Redes sociales, marketing y entretenimiento

Subcategorías:

Instagram, TikTok, *streaming*, juegos

CONSTRUYE UN MUSEO PARA LAS REDES SOCIALES
Museo Instagram
Porque si puede ser telón de fondo para una selfie *dará más plata*

> **Idea:** montar un museo con espacios y exposiciones atractivas visualmente que lleven a los visitantes a interactuar en redes sociales.
> **Mercado:** *B2C.*
> **Addressable market:** *influencers*, jóvenes, familias y público en general usuario de redes sociales.
> **Readiness:** alto.
> **Inversión:** alta.

Los museos Instagram se están poniendo de moda. Su objetivo principal es ser lo suficientemente atractivos en términos visuales para que la gente se tome fotos en las instalaciones. Esto abre una forma de interacción entre los visitantes y las exposiciones que se montan dentro del museo. Cada área en el museo se vuelve un evento en sí mismo, en el que los visitantes no pueden dejar pasar la oportunidad de tomarse una *selfie* y mostrarle al mundo que estuvieron ahí.

Que esto exista es el claro ejemplo de cómo la interacción en redes sociales ha modificado nuestros comportamientos. Atrás ha quedado la época en que las reglas de etiqueta en un museo eran estrictas. Hoy cada vez más se están preguntando si realmente están ofreciendo experiencias atractivas a sus visitantes, y muchos de ellos ya han comenzado a modificar sus espacios y a fomentar activamente que la gente se tome tantas fotos como desee e interactúe con las exposiciones de una forma distinta y mucho menos rígida. Las exposiciones y espacios tienden a centrarse más en verse bien, sobre todo a través de la pantalla del teléfono, aunque se sirvan de las instalaciones de arte para ello. Esto hace que, en muchos casos, la parte cultural y educativa se relegue a un segundo plano, lo que ha generado un poco de controversia y preocupación. Lo que es innegable es que se trata de uno de los temas más candentes en lo que a espacios culturales se refiere. Los museos están pasando de ser una curiosidad de culto a un fenómeno genuino, y muchas de estas instituciones han ganado miles de seguidores con esta estrategia.

¿Cuál es la oportunidad de negocio aquí? Hacer un museo Instagram en Latinoamérica, pues no existe nada parecido. Ciertamente hay algunos espacios que han montado exposiciones atractivas visualmente y que se prestan a que los usuarios se tomen *selfies*, pero se tratan de casos esporádicos. Hace falta un museo que se dedique de lleno a montar este tipo de exposiciones novedosas y visualmente atractivas. ¿Será tuyo el próximo?

CREA LA PRIMERA ACADEMIA TIKTOK
Escuela de contenido viral
Porque no hay nada que no pueda aprenderse

Idea: fundar una escuela que enseñe cómo crear contenido viral en TikTok.
Mercado: *B2C*.
Addressable market: generadores y potenciales generadores de contenido en TikTok.
Readiness: alto.
Inversión: baja.

Si es cierto que todo el mundo quiere estar en TikTok, entonces ¿por qué no existe todavía una academia que te enseñe a crear contenido viral para esa red social? Para mí es innegable que ahí existe una oportunidad de negocio. Imagínate fundar una escuela con programas de capacitación para crear contenido viral. Incluso podrían estar certificados y tener un plan para vincular a los estudiantes graduados con agencias de medios y profesionales de la industria donde puedan ejercer sus conocimientos.

Esta idea me parece interesante porque tiene varias salidas: puedes tener contenido educativo, marketing, consejos para emprender negocios y posicionamiento de marca, entre otros. Incluso se puede tomar el contenido propio de la academia y subirlo a redes para hacerlo viral.

Si haces la escuela física, quizá te limite un poco la capacidad y el alcance del negocio, pero, con un esquema de licenciamiento o de franquicia, se puede fomentar el crecimiento. Otra alternativa es buscar el medio de poder hacerlo mediante cursos en línea, lo que tendría sentido, considerando el objetivo del negocio. De cualquier manera, creo que aquí tienes una gran oportunidad de negocio y vale la pena explorarla, si es un tema que te interesa.

HAZ CONTENIDO DIGITAL Y RÓMPELA
Creación de contenido para redes sociales
Porque todos queremos un poco (más) de entretenimiento

Idea: crear contenido monetizable para redes sociales y plataformas de *streaming*.
Mercado: *B2C*.
Addressable market: independientes que quieren monetizar su creatividad en plataformas.
Readiness: alto.
Inversión: baja.

Con la pandemia, la cultura del trabajo a distancia se ha acrecentado y muchos incluso han renunciado a sus empleos para trabajar por su cuenta. Si bien la mayoría únicamente ha dado el salto para convertirse en contratistas independientes, siguiendo la línea de lo que hacían antes, algunos, más osados, han decidido explorar territorios desconocidos, ya sea dedicándose al marketing digital o a la gestión de redes sociales, así como a la creación y transmisión de contenido.

Esto responde al gran mercado que se ha abierto para la creación de contenido; si no, mira el auge de canales en YouTube por motivo de la pandemia. Cada vez más son los creadores de contenido «desconocidos» que saben monetizar muy bien su labor y consolidar una comunidad. Lo que, entre otras cosas, demuestra que no tienes que ser necesariamente una figura pública para crear un contenido viral y que tampoco es que lo que produzcas tenga que ser muy sofisticado. Si tienes contenido interesante, lo posteas de forma constante y tienes una comunidad, no necesitas mucho más.

Ahora bien, hay de contenidos a contenidos: una cosa es monetizar tus reacciones en YouTube o publicar una clase de matemáticas en TikTok, y otra cosa muy diferente es crear contenido para plataformas de *streaming*. Esto no quiere decir que uno sea mejor que el otro, simplemente los requerimientos y los alcances son distintos. Es decir, el tiempo y dinero que deberás invertir para crear un contenido para una plataforma de *streaming* es considerablemente mayor al tiempo que requieres para publicar contenido en una red social. ¿Cuál es más redituable? Eso depende de muchos factores.

Existen contenidos en redes sociales que tienen mucho mayor audiencia y proyección que algunas series o películas en plataformas de *streaming*. Otra cosa que se ha vuelto común es dar el salto de una plataforma a otra, por ejemplo, un podcast que termina convirtiéndose en serie o en un programa en Netflix o HBO. Luego, tenemos el contenido de grandes ligas, el que producen compañías como Disney, Warner y demás, el cual ha cobrado gran relevancia en los últimos años, con la guerra del *streaming*. Las plataformas de transmisión de series y películas se han vuelto una mina de oro y todos quieren participar: Disney con Disney+ y Star, Paramount con su canal homónimo, Warner con HBO Max, Amazon con Prime Video, Apple y por supuesto Netflix, que fue el pionero.

De todos esos, Disney es el amo y señor, no tanto por la calidad de su contenido, sino porque es muy rentable. Saca una película o serie y las ganancias que recibe por *merchandising* son altísimas: juguetes, licencias, etcétera. Y luego, hace parques temáticos y demás. La rentabilidad es altísima. Para que te hagas una idea, tan sólo en el primer año desde su lanzamiento, Disney+ obtuvo la cantidad de suscriptores que proyectaban a cinco años. Es un éxito impresionante.

En resumen, el tema de generación de contenido es muy interesante como negocio. Si tienes las herramientas puedes lanzarte a hacer algo en *streaming* o puedes hacer algo en YouTube o redes sociales sin tener que invertir mucho dinero. El medio es lo de menos, lo importante es la calidad del contenido y la creación de comunidad. Una vez tengas eso, monetiza el contenido.

DEJA QUE LA GENTE OPINE
Sistema de *reviews*
Porque no hay mejor marketing que el «social proof»

Idea: montar una página web donde se puedan generar reseñas y comparativas de productos y servicios.
Mercado: *B2C*.
Addressable market: empresas emergentes, pequeñas y medianas empresas, incubadoras, público en general.
Readiness: alto.
Inversión: baja.

El *social proof* (prueba social) es un fenómeno psicológico indicativo de que las personas tendemos a considerar algo como «correcto» en la medida en que los demás también piensen que lo es. En otras palabras, creemos que un comportamiento es adecuado si vemos que otros lo realizan.

Aplicado a la eficacia de promoción digital, el *social proof* lo es todo. Cuando tú dices algo bueno acerca de tu producto, se le considera *marketing*; cuando otros lo dicen, es *social proof*. Si la gente empieza a decir cosas buenas de tu marca en sus cuentas personales, de repente tu servicio o producto se pone en valor, parece de mejor calidad, y esto va aumentando conforme el número de reseñas positivas crezca. Y si estas reseñas provienen de expertos, celebridades, *influencers* o gente que consideramos confiable, el impacto es aún más positivo. Confiamos en sus opiniones porque tienen credibilidad, ya han experimentado el producto o servicio y pueden indicarnos si vale la pena invertir tiempo y dinero en él, cuáles son sus pros y sus contras, etcétera.

En *e-commerce*, el *social proof* es un factor determinante. Por ejemplo, cuando tú te metes a Amazon, si eres un comprador responsable, lo más probable es que revises las reseñas y calificaciones de otros usuarios antes de comprar. Es un aspecto tan fundamental de la experiencia que ya se ha vuelto un negocio en sí mismo. Actualmente, ya existen empresas que se dedican a generar reseñas, así como a aumentar el *social proof* de un producto, servicio o marca.

Para que te des una idea, BestReviews, una página de reseñas creada por BR Holding Co., se vendió recientemente en 160 millones de dólares a Nexstar. Otro caso interesante es top10.com, una plataforma que permite comparar productos y servicios, y además te brinda una lista con los diez principales productos y servicios de la categoría que estás buscando.

Este tipo de páginas ya no sólo se dedica a hacer reseñas y comparaciones, sino que también genera tráfico a partir de las reseñas, el cual redirige a sus propias tiendas o a comercios afiliados. Lo sorprendente en estos casos es que ni siquiera ocupan capital para generar tráfico, porque son las propias *reviews* las que se encargan de hacerlo.

Actualmente, hay muchísimos espacios para generar páginas de nicho con reseñas específicas de cierto tipo de productos; en inglés existen muchos sitios, pero no tantos en español, por lo que hay una buena oportunidad. No tienes que generar tú el producto o el servicio, sólo tienes que montar la página. Bajo costo y grandes réditos. ¿Por qué esperar?

DALES A LOS NIÑOS ALGO POR QUÉ ESPERAR
Kits de actividades para niños
Porque todos los padres quieren mantener a sus hijos entretenidos

Idea: plataforma de entrega por suscripción de kits con actividades para niños.
Mercado: *B2C.*
Addressable market: niños de todas las edades interesados en temas científicos, de manualidades o artes.
Readiness: alto.
Inversión: baja.

Uno de los modelos de negocios más creativos que he visto es el de los kits por correspondencia con actividades dirigidas para niños. Los hay de todo tipo: desde estimulación temprana para bebés hasta equipos de ciencia básica y otras actividades para niños más grandes. Me parece una idea genial, pero lo que más me gusta es que el modelo es por suscripción. Es decir, cada mes, los niños reciben un nuevo paquete, con nuevas actividades. Y si hay algo que les entusiasma a los niños es recibir correspondencia, sobre todo si la están esperando con entusiasmo. Los hace sentir importantes.

Me parece una propuesta muy oportuna porque los padres siempre queremos mantener entretenidos a nuestros hijos y este negocio brinda una solución alternativa a los tiempos en pantalla, o sea, los videojuegos o la televisión. Si puedes pensar en algo parecido, creo que muchos padres te lo agradecerán.

Los productos por suscripción no son un modelo novedoso ni mucho menos. Pero a pesar de eso, siguen siendo muy eficaces. Además, contrario a lo que podría pensarse, en México no es tan común como en otras partes del mundo, por lo que todavía hay mucha oportunidad de hacerse de un nicho. Incluso se le puede vender al gobierno o alguna institución o fundación, casas de cultura, etcétera. Iniciativas hay muchas, todas muy interesantes. Por ejemplo, está Monti Kids, que consta de kits educativos con base en el modelo Montessori. The Curiosity Box, que les ayuda al desarrollo de diferentes habilidades, como la motricidad fina, etcétera. En España tienen un concepto muy interesante que se llama Agencia Búho Detectives, que son actividades de ciencia que se combinan con tareas interactivas. También está Kreiva Box, que contiene manualidades y actividades de varios temas. Aquí en América está Tool-Be, de Brasil, que envía un toolbox con actividades interactivas para la estimulación temprana.

En México también hay. Tenemos por ejemplo a Bebenubé, que te envía productos y actividades para bebés. Y un proyecto muy interesante que se llama Labgo, que, mediante una suscripción mensual, te permite recibir un kit con herramientas y materiales para realizar experimentos científicos. Labgo tiene programas para empresas y escuelas.

SUBE TU CONTENIDO A SPOTIFY
Regalías en plataformas de *streaming*
Porque nos gusta la música que va con nosotros a todas partes

Idea: obtener regalías por número de reproducciones en Spotify.
Mercado: *B2C*.
Addressable market: músicos, agentes, casas productoras, sellos discográficos y generadores de contenido.
Readiness: alto.
Inversión: alta.

Cuando se habla de plataformas de *streaming*, no se pueden ignorar las contribuciones que ha hecho Spotify a la industria de la música. En primer lugar, la plataforma ha atraído a millones de suscriptores y a muchos los ha convencido de pagar por la música que escuchan, lo que ha reducido sustancialmente la piratería. En otras ocasiones, el uso de patrocinadores y anuncios ha permitido que los artistas puedan ganar por hacer música.

Pongámonos en contexto: hubo un tiempo en que los artistas hacían dinero de sus discos. Yo recuerdo que, en aquel entonces, las compañías productoras solían tener presupuesto. No siempre era mucho, pero dinero había. El problema llegó con la piratería y las descargas ilegales en plataformas como Napster y posteriormente en páginas web. Fue un periodo demoledor en el que a los artistas sólo les quedaba la alternativa de ganar de sus presentaciones en vivo.

Finalmente, cuando surgió Spotify, comenzó a traer seguidores que estaban dispuestos a pagar por horas ilimitadas de música a un costo bastante accesible, lo que permitió a los artistas volver a ganar por su producción original. Luego de Spotify, comenzaron a crearse otras plataformas de *streaming* como Deezer y Tidal, que pagan mucho mejor a los artistas, pero el costo de tales plataformas es mucho más elevado, aunque ciertamente ofrecen una mejor calidad de transmisión que Spotify.

Si tú eres músico o creador de podcasts u otros contenidos de audio, creo que lo más conveniente para hacer dinero en este mercado es subir tu contenido en todas las plataformas posibles e intentar generar comunidad en redes sociales que te permita obtener suficientes reproducciones para ganar una cantidad decente. Porque es por reproducciones que vas a tener ingresos. Para que te hagas una idea de lo que puedes ganar, piensa que Spotify paga entre 0.003 y 0.005 dólares por transmisión, lo que significa que necesitarás alrededor de doscientas cincuenta transmisiones para ganar un dólar. Probablemente parezca poco, y lo es, pero es mucho mejor que lo que había cuando existían Napster y similares. Además, en ese entonces no había los mismos medios para crear una comunidad y promover tu contenido. Ahora sí. Y si además tu contenido es de calidad, más y más gente se verá motivada a reproducirlo.

PRUEBA TUS PRODUCTOS EN TIKTOK
Testeo de productos en TikTok
Porque toda información es oro

Idea: testear productos inexistentes en TikTok para ver su viabilidad.
Mercado: *B2C*.
Addressable market: emprendedores que desean comprobar si su idea es viable.
Readiness: alto.
Inversión: baja.

La popularidad de TikTok se ha disparado en muy poco tiempo y ha comenzado a llamar la atención de todo tipo de marcas. Desde equipos de futbol como el Bayern Munich hasta gigantes tecnológicos como Sony están experimentando con métodos creativos que les permitan llegar a las audiencias más jóvenes.

La razón: la versatilidad y popularidad de TikTok permite probar productos aun antes de que éstos existan. Al exponer un producto o servicio en esta plataforma, incluso si aún no sale al mercado, la marca puede conseguir información sobre el comportamiento de la audiencia ante lo que se está vendiendo; analizar las diferentes variables de una campaña potencial y anticipar de qué manera éstas afectarán en su rendimiento. De este modo las marcas pueden crear campañas comprobadas, es decir, sabiendo que funcionarán, pues están basadas en datos concretos.

Tanto las grandes compañías como las más chicas pueden beneficiarse de esto y es por eso que aquí hay una gran oportunidad. Armar prototipos y grabar videos de pruebas para ver cómo se comporta el mercado es una excelente manera de experimentar, y además muy económica. Así, si hay una buena recepción del producto o servicio, ya se sabe que vale la pena conseguir el capital necesario para producirlo y comercializarlo. He aquí una gran oportunidad de negocio, ya sea para practicarlo con las marcas que ya tengas o para ofrecerlo a otras empresas. En todo caso, cualquiera pagaría por tener información concreta que garantice que sus esfuerzos de marketing llegarán a buen puerto.

SÁCALE PARTIDO A LA PARTIDA
Juegos de mesa
Porque si la vida es un juego, el dinero es una forma de saber quién va ganando

Idea: crear y comercializar juegos de mesa.
Mercado: *B2C*.
Addressable market: público en general. Personas a las que les gusten los juegos de mesa de todo tipo.
Readiness: alto.
Inversión: baja.

Muchas grandes ideas comienzan siendo muy sencillas. Para muestra, *Cartas contra la humanidad* (*Cards Against Humanity*), uno de los juegos de mesa más exitosos en Amazon, con una facturación de hasta 700 000 dólares al mes. Se trata de un juego de mesa que crearon ocho alumnos de Highland Park High School, quienes se propusieron desarrollar un juego que pudiera entretener a los invitados en una fiesta de Año Nuevo, tomando como referencia dos juegos de cartas populares: *Apples to Apples* y *Magic: The Gathering*.

Su juego fue un éxito durante la fiesta y tuvieron la idea de comercializarlo. Dado que ninguno de ellos contaba con dinero suficiente para hacerlo, decidieron iniciar una campaña en Kickstarter y, a las dos semanas, habían logrado reunir el dinero necesario. No sólo eso: al término de la campaña, habían recaudado cerca de 400% de su objetivo original. Con el dinero reunido, lograron desarrollar e imprimir el juego, e hicieron un prelanzamiento en su sitio web para que la gente pudiera descargarlo gratuitamente de manera digital.

Lo que nos muestra este caso de éxito es que se pueden concretar buenas ideas, sin que tengan que ser muy complejas. Además, no es tan complicado buscar el financiamiento. Y si no me crees, mira este dato: los juegos de mesa son el segmento que más dinero le ha dado a Kickstarter en los últimos quince años. Además, el confinamiento aumentó el mercado de los juegos de mesa, pues la gente necesitaba formas de entretenimiento. Con decirte que cuando vi la gráfica de producción de juegos de mesa por primera vez, ¡pensé que era la tasa de contagios de covid en México! Es una gráfica exponencial que desde la década de 1990 ha crecido a un ritmo constante y en estos últimos años de forma muy acelerada. ¿No te parece que es un mercado con gran oportunidad?

Por otra parte, hay muchos temas y géneros de donde elegir. Recientemente, por ejemplo, me enteré de que muchas personas que están en ese mercado están creando juegos de mesa que ayudan a desarrollar las habilidades sociales; hay unos prototipos de juegos para niños que traen hasta un holograma con un personaje que interactúa con el jugador. También hay juegos de mesa segmentados para niños autistas o personas con capacidades extraordinarias.

Además, puede haber una buena oportunidad en la venta de juegos de mesa lanzando nuevas versiones de un mismo juego o vendiéndolos a través de *e-commerce*, porque el margen es cómodo. Con decirte que hasta he visto gente que los vende para imprimir en 3D. En cualquier caso, lo importante es saber que aquí hay una gran oportunidad. Si lo piensas bien, realmente lo único que necesitas es creatividad y talento. No hay muchas barreras de entrada y el microfondeo funciona extraordinariamente bien. No veo por qué no darle una oportunidad.

CONVIÉRTETE EN UN *CRACK* DEL MKT DIGITAL
Marketing digital

Porque si no apareces en las redes sociales no existes

> **Idea:** ofrecer servicios de marketing para empresas y creadores de contenido.
> **Mercado:** *B2C.*
> **Addressable market:** empresas de todo tipo, *startups*, creadores de contenido, *influencers.*
> **Readiness:** alto.
> **Inversión:** baja.

Hablemos de marketing. Es un tema amplio, y sigue siendo muy relevante para cualquier compañía, marca o producto. Ciertamente, el covid-19 ha puesto patas arriba a todos los que se dedican a esto: las reglas han cambiado en muchos aspectos y eso se extiende a la forma en la que se crean las marcas y se relacionan con los clientes en un mundo pospandemia.

En este contexto han comenzado a surgir nuevas estrategias, operaciones y tecnologías para impulsar el crecimiento de las empresas. Ahora más que nunca es cuando el marketing se necesita. Por eso creo que es una excelente oportunidad para generar ingresos en la actualidad. Para ello es indispensable conocer a la perfección el oficio y ser muy creativo. Afortunadamente el campo es bastante versátil, por lo que hay muchas formas de entrar al mercado.

Una de ellas, es, sin duda, el uso de las redes sociales para la penetración y promoción de marcas. Muchas veces, los dueños de las compañías se quejan de que no están creciendo o de que no crecen lo suficiente, pero no están haciendo un verdadero esfuerzo por vender, no se están exponiendo lo suficiente en redes, no se muestran. Ahí es donde tú puedes ayudar. Si a eso le sumas el servicio de análisis y estadística de marketing, tienes un paquete muy sólido.

De verdad, hay una gran necesidad ahí y si sabes capitalizarla puedes cobrar alto. Yo mismo lo he comprobado. Por ejemplo, en mi caso no he encontrado alguien que sepa hacer *data sanity*; he tenido que capacitar a mis analistas. Y te estoy hablando de gente que viene de carreras como mecatrónica o estadística. Es un gran tema y creo que no hay suficiente gente capacitada en esta área. Por eso creo que es una gran oportunidad para ti, si tienes cómo hacerlo.

REIVINDICA LA TINTA Y EL PAPEL
Servicios de impresión
Porque, aunque a veces lo olvidemos, seguimos viviendo en el mundo físico

Idea: crear una plataforma de servicios de impresión.
Mercado: *B2B*.
Addressable market: empresas, público en general, marketing, publicaciones exclusivas.
Readiness: alto.
Inversión: baja.

Aunque no lo parezca por vivir en un mundo tan digitalizado, las impresiones físicas siguen siendo una parte importante en nuestro día a día. Incluso son una herramienta muy empleada todavía para los pequeños negocios: volantes, folletos, tarjetas de presentación e incluso artículos promocionales aún son la norma para muchas empresas. Ciertamente, el marketing digital es muy beneficioso, pero eso no ha hecho que la publicidad impresa se haya vuelto obsoleta. Por el contrario, está demostrado que las empresas que utilizan ambos métodos obtienen mejores resultados que aquellas que sólo dependen de uno. El truco consiste en saber cómo emplear cada una y en qué momentos. Hay estrategias y pautas que funcionan mucho mejor en digital y otras que son más efectivas si están impresas. Hay también un mercado exclusivo para los productos impresos. Algunas publicaciones como el calendario *Pirelli* o *The Face* siguen siendo artículos de colección que se comercializan a precios elevados, debido a su tiraje limitado.

Otra tendencia en los servicios de impresión son los anuarios y libros recopilatorios, memorias y registros fotográficos de empresas, instituciones, gobiernos, etcétera, para no hablar de un sector de la población que aún quiere imprimir sus fotografías para enmarcarlas y tenerlas por la casa.

Cualquiera que sea el enfoque es un hecho que la impresión continúa viva. Y una muestra de ello es el éxito que siguen teniendo empresas como Canvas Champ, que ingresa, en promedio, hasta un millón y medio de dólares mensuales. Su modelo es bastante convencional, puedes ordenar impresiones de varios tamaños y de todo tipo: fotos impresas, fotos enmarcadas, cobijas, almohadas, tazas y una gran variedad de productos. Los precios varían por volumen. Éste es sólo un ejemplo de que el mercado de la impresión no está muerto y que, probablemente, sólo está evolucionando. Si yo fuera tú, le metería a esa transformación porque creo que puede ser increíblemente capitalizable.

HAZ QUE LA GENTE NO TENGA QUE VOLVER A PREGUNTARSE «Y... ¿QUÉ VEO HOY?»
Gestor de contenido *streaming*
Porque ya basta de pasarte más tiempo eligiendo la serie que vas a ver que viéndola

> **Idea:** ofrecer un análisis inteligente de las suscripciones que tiene un usuario en plataformas de *streaming*.
> **Mercado:** *B2C*.
> **Addressable market:** suscriptores de *streaming*.
> **Readiness:** alto.
> **Inversión:** baja.

El 92% de las personas tiene algún tipo de servicio de *streaming*, es más, tiene varios. Por ejemplo, ¿tú cuántos tienes? Tienes Netflix porque ofrece estrenos de pelis gratis, cuentas con Disney+ por los niños y pagas Prime Video porque te da envíos gratuitos de Amazon. Y cuando juras que ya no vas a contratar otro servicio más, resulta que la serie de la que todo el mundo habla la están dando en HBO Max, entonces terminas por suscribirte. Felicitaciones, ahora cuentas con más contenido del que vas a poder ver en toda tu vida. Durante la pandemia, cuando teníamos tiempo para ver cuanta película y serie se nos atravesaba, quizá llegábamos a consumir un buen porcentaje, pero lo cierto es que el suscriptor promedio no tiene tiempo de aprovechar todo el contenido de todas las plataformas a las que está suscrito. Y eso que ni siquiera estamos hablando de los servicios de *streaming* de música, únicamente de video.

Por eso creo que una excelente idea sería desarrollar gestores de suscripción que le permitan a la gente llevar un mejor control de todas las plataformas de *streaming* en las que está registrado y del contenido que consume en ellas. Imagina un programa o una app que te permita administrar todo el contenido que ves: que te indique cuánto tiempo pasas en cada plataforma, en cada serie, en cada película, y que te dé recomendaciones según tus preferencias, que te dé alertas de cuándo se va a estrenar un contenido que te interesa o se va a lanzar un contenido que te pueda interesar. Un programa o app así podría ofrecerle al usuario un análisis detallado para ayudarle a hacer un consumo inteligente, a la vez que, al acotar las posibilidades, se facilitaría el proceso de elección y se ahorraría tiempo a la hora de escoger qué ver. Estoy seguro de que todos los que alguna vez nos hemos pasado más tiempo seleccionando la serie que vamos a ver que viéndola, estaríamos interesados en comprar este servicio.

EXPRÍMELE EL JUGO A LAS MARCAS PERSONALES
Licenciamiento de productos de consumo
Porque el que tiene millones de seguidores y no les vende nada está perdiendo plata

> **Idea:** licenciar marcas personales y de creadores de contenido.
> **Mercado:** *B2C*.
> **Addressable market:** creadores de contenido, *influencers*.
> **Readiness:** alto.
> **Inversión:** baja.

Hace algunos años, tuve la oportunidad de estar en una expo de licenciamiento en Las Vegas, y ahí fui testigo de cómo se comercializan las propiedades intelectuales de Disney y otras compañías. Literalmente, lo que hacen es vender una licencia para un producto específico y una cantidad determinada. Es decir, si quieres hacer loncheras con los personajes de Marvel, Disney te vende la licencia y con ella puedes producir hasta diez mil loncheras, por decir cualquier cantidad.

Lo que me parece interesante de este modelo es que se puede aplicar a todo tipo de negocios y sectores, porque no todo son marcas corporativas. Por ejemplo, existe una gran cantidad de creadores de contenido en YouTube o TikTok que no están haciendo licenciamiento, y podría ser una buena idea para ellos. Lo mismo ocurre con las marcas digitales que ya empiezan a ser grandes. Muchos creadores de contenido saben generar comunidades gigantescas, pero no saben cómo capitalizarlas. Y, pensándolo bien, ¿de qué te sirve tener dieciocho millones de personas en TikTok, si no vas a venderles nada? Ayudarle a esta gente a comercializar su marca a través de licencias puede ser una excelente oportunidad de negocio. Al final, una licencia es: «yo te doy mi marca y tú le das exposición con tu comunidad».

Sería interesante organizar una feria de licenciamiento o desarrollar una plataforma tipo marketplace, en donde los creadores de contenido sean contratados para promover cierto producto, por ejemplo. De cualquier forma, me parece un buen nicho para todo aquel que tenga la cabeza para encontrar el mercado y el producto para cada marca personal. Si ése es tu caso, adelante.

CREA *VTUBERS* PARA EMPRESAS
VTubers
Porque a veces no queremos poner la cara para decir lo que hay que decir

> **Idea:** crear *VTubers* para empresas.
> **Mercado:** *B2C*.
> **Addressable market:** empresas que quieren aumentar el número de suscriptores en redes sociales, creadores de contenido que no les gusta salir en cámara.
> **Readiness:** alto.
> **Inversión:** alta.

Un *VTuber* o *Youtuber virtual* es un *streamer* que usa modelos digitales generados por herramientas de software como Live2D o modelos 3D. Es una tendencia que está creciendo. Actualmente, una de las *Vtubers* más famosas es Kizuna, un personaje de inteligencia artificial, con diseño anime, que cuenta nada menos que con más de cuatro millones de suscriptores.

El éxito es descomunal y ya existen varias plataformas que te permiten crear *VTubers* a partir de una webcam que va leyendo tus movimientos y gestos y los traduce en forma de animación. Esto está siendo un recurso muy usado para todas aquellas personas que quieren entrar a plataformas como YouTube y crear contenidos, pero a quienes no les gusta salir en cámara.

Estamos hablando de una herramienta que aún está en pañales, pero ya podemos ir pensando en sus distintas aplicaciones. De entrada, podemos comenzar a desarrollar *Vtubers* para empresas, por lo que las organizaciones no necesariamente requieren atar su marca a un rostro. Pueden tener un personaje y vincularlo a la imagen corporativa, por ejemplo. Creo que aquí sí va a ser tu labor encontrar el cómo, pero yo aquí te doy el qué. Dale una vuelta a ver qué negocio se te ocurre asociado a esto, porque ya te digo que dentro de muy poco esto va a ser algo y muy grande.

VÉNDELES JUGANDO
Publicidad *in-game, advergame*
Porque ningún espacio es baldío

> **Idea:** realizar campañas dentro de los videojuegos, monetizar con memes, hacer *branding*, tiendas virtuales, etcétera.
> **Mercado:** *B2C*.
> **Addressable market:** público en general; aficionados a videojuegos, mercado infantil y juvenil.
> **Readiness:** alto.
> **Inversión:** baja.

Si ya antes de 2020, la industria de los videojuegos experimentaba un crecimiento anual de 9%, la llegada de la pandemia aceleró de forma espectacular ese crecimiento. Tanto, que se espera que los ingresos de la industria crezcan en un tercio antes de 2023 y tengan un valor de más de 200 000 millones de dólares. Y hay más: los expertos estiman que, para ese año, la cantidad de videojugadores en todo el mundo superara los tres mil millones. Por eso no extraña que haya muchas empresas dedicadas al desarrollo de videojuegos y, específicamente, para dispositivos móviles.

Pero la oportunidad de negocio de la que te quiero hablar aquí no es necesariamente la de ponerte a crear tú los videojuegos, ésa es otra historia. Aquí quiero referirme al enorme potencial que veo en los videojuegos como plataforma de marketing y publicidad. Debido a su enorme popularidad, los videojuegos móviles ofrecen un espacio perfecto para llegar a clientes potenciales. Sin embargo, al día de hoy, varias empresas y agencias de publicidad aún no saben cómo realizar una campaña eficaz ahí, porque simplemente no entienden cómo funciona el medio. Muchos anunciantes piensan que basta con anunciar el producto y generar el mayor número de vistas. Pero ésa es tan solo una estrategia.

Cuando hablamos de publicidad en videojuegos, existen dos categorías principales: la publicidad *in-game* (IGA), es decir, en el juego; y la denominada *advergame*. La primera consiste en mostrarle anuncios al jugador mientras juega y la segunda directamente desarrolla un juego con la finalidad de promover una marca o un producto. Por otra parte existen los juegos *freemium*, que se pueden descargar y utilizar de forma gratuita. En éstos se pueden ofrecer productos para mejorar la experiencia del usuario y permiten a los anunciantes ubicar sus anuncios de manera estratégica.

Cuando hablamos de publicidad en videojuegos, debemos entender que ésta va creciendo a pasos agigantados y ya se está convirtiendo en otra fuente de tráfico; es decir, en lugar de anunciar en Facebook, en Instagram o en Google, actualmente la manera más eficaz para promover tu marca y llegar al mayor número de personas es a través de los videojuegos. Parece increíble, pero también es una estrategia muy eficiente, sobre todo si consideramos que una de las grandes ventajas es que, como ocurre con cualquier otra plataforma digital, se puede ejecutar una promoción en tiempo real.

El mercado es muy grande y versátil. Si no, mira lo que está haciendo Roblox con el metaverso, que permite a los jugadores desarrollar sus propios mundos virtuales y jugar en ellos. Marcas fuertes como Nike, Gucci y Netflix han estado colocando productos ahí y es, en verdad, muy interesante lo que está ocurriendo. Los usuarios pueden comprar con la moneda de la plataforma, la cual tiene su equivalente en dólares, y algunos productos cuestan incluso más que los productos físicos en el mundo real. ¡Es una locura! De ahí que Roblox, que se hizo pública en marzo de 2021, haya elevado su costo a más de 45 000 millones en pocos meses.

Quizás esto no me sorprendería si estuviésemos hablando de adultos con buenos ingresos, pero que una marca como Gucci logre ventas de más de 4 000 dólares en una plataforma que está orientada al público infantil me impresiona. Eso sí es el verdadero *crossover*. Ciertamente las marcas no entran ahí por el dinero sino para irse posicionando en la plataforma y hacer ruido. Por su parte, la plataforma obtiene una comisión por la proyección de las marcas.

Te puedes encontrar con muchas otras cosas de ese estilo por ahí: lanzamientos, eventos especiales, conciertos y más. Lo que está claro es que aquí hay una oportunidad de lujo para los publicistas, al igual que para quienes desarrollan *branding*. Sólo hay que saber gestionar las marcas y productos para que se integren con el medio del videojuego de forma eficaz. El reto es posicionar y proyectar las marcas ahí sin sacrificar su esencia, lo que requiere que los creativos pongan a trabajar su imaginación al máximo y encuentren estrategias novedosas para adaptarse a las nuevas reglas del juego. A fin de cuentas, uno tiene que estar donde esté la atención de los consumidores, de los clientes. Antes era la radio, luego fue la televisión, después las redes sociales y, ahora, los videojuegos.

CONVIÉRTETE EN ESTRELLA DE CINE
(O AL MENOS DE SU PRODUCCIÓN)
Pantalla verde inflable
Porque sin buena producción no hay buena peli

> **Idea:** adquirir y alquilar una pantalla verde inflable para producciones audiovisuales.
> **Mercado:** *B2B, B2C.*
> **Addressable market:** casas productoras, cineastas, fotógrafos, productores, creadores de efectos visuales.
> **Readiness:** alto.
> **Inversión:** alta.

Las pantallas verdes se han convertido en una parte integral de los efectos visuales y posproducción para películas, series y comerciales. Su uso permite controlar las condiciones de filmación para poder crear escenarios profesionales y de gran calidad. Se les pueden agregar colores, texturas y todo tipo de efectos visuales.

En realidad, no es una tecnología costosa. Se pueden adquirir pantallas verdes de gran tamaño a muy buen precio e incluso puede hacerlas uno mismo. Pero cuando hablamos de servicios profesionales para grandes producciones, los costos se elevan, porque los problemas logísticos son más complicados. A fin de cuentas, no es lo mismo tener que poner un pedazo de cartulina verde para una conferencia de Zoom, que tener que cubrir todo un set de rodaje de varios metros

de altura y tantos más de longitud. Además, hay que tener en cuenta que en la producción fílmica se cobra por
horas de trabajo, por lo que, si las condiciones no son las
adecuadas, la instalación de un fondo verde de grandes dimensiones puede llevar mucho tiempo y elevar los costos de
producción.

De ahí surgió la idea de la pantalla verde inflable: es fácil de
instalar y, por lo tanto, mucho más económica. Actualmente,
se trata de un proyecto en Kickstarter, que cuenta con más
de trescientos patrocinadores y que ha rebasado su meta por
casi diez veces. De 250 000 dólares que pedía, ha alcanzado la cifra de 240 876. Se trata de una propuesta innovadora
que resuelve una necesidad del mercado. Además de ser muy
práctica, cuenta con una aplicación que te permite, entre otras
cosas, controlar los niveles de iluminación y la ecualización
del audio.

Hay un nicho muy atractivo para un producto de este tipo,
sobre todo si consideramos que el sector de la producción au-
diovisual está muy bien pagado. Uno puede adquirir un equipo de éstos y rentarlo en distintas producciones, o tratar de
comercializarlo con casas productoras, directores de fotografía, videastas y realizadores. No es tan difícil y puede ser muy
redituable.

VUÉLVETE EL AS DEL CONTENIDO EXCLUSIVO
Creación de contenido para OnlyFans
Porque lo exclusivo siempre es más atractivo

Idea: obtener ingresos por publicar contenido exclusivo en la plataforma OnlyFans.
Mercado: *B2C.*
Addressable market: para todos aquellos generadores de contenido que busquen mayores y mejores formas de monetizarlo.
Readiness: alto.
Inversión: baja.

El dinero extra nunca estorba, ¿no? De hecho, ¿existe tal cosa como dinero extra? Creo que no, especialmente cuando podemos hacerlo sin tantas complicaciones y bajo nuestros propios términos. Eso es exactamente lo que permite el modelo de negocios de OnlyFans.

Fundada en noviembre de 2016 por el empresario e inversor tecnológico Timothy Stokely, OnlyFans tomó al mundo por sorpresa durante el confinamiento. Se trata, básicamente, de una plataforma en la que los usuarios pueden acceder, mediante una suscripción, al contenido que publica otro usuario. El principal objetivo del sitio es proporcionar un espacio para que los creadores generen y distribuyan contenido exclusivo y obtengan ingresos por ello. De esta manera, quienes estén interesados en las publicaciones de un usuario en específico, deberán pagar una cuota de suscripción para poder acceder a contenido exclusivo por un determinado tiempo.

Los creadores de contenido pueden configurar su página para que sea gratuita o de pago. En este último caso, cada creador define la tarifa de suscripción que considere apropiada, de acuerdo con sus propios criterios. La tarifa mínima es de 4.99 dólares y la máxima es de 49.99 dólares al mes.

Así, todo aquel que tenga algo interesante que decir o mostrar… puede monetizar sus publicaciones y generar ingresos. La plataforma recibe una comisión de 20% por cada suscripción, mientras que 80% va directamente a los bolsillos de los creadores de contenido.

Hoy en día, OnlyFans tiene más de cincuenta millones de usuarios registrados y más de un millón de creadores de contenido; y si bien es cierto que la mayor parte del material que se publica en la plataforma es contenido explícito de carácter sexual, también es posible encontrar publicaciones de otros temas como fotografía, escritura creativa, poesía y hasta recetas de cocina. Y es que la clave del éxito de OnlyFans no radica en la publicación de material explícito, sino en la capacidad de los creadores para generar contenido de los temas que les apasionan y que no se pueda encontrar en ningún otro lugar.

Otra de las ventajas, por supuesto, es que los creadores pueden subir material de naturaleza sensible que podría ser censurado en otras plataformas como Facebook o Instagram. Aquí no hay censura, lo cual representa una enorme ventaja sobre otras redes sociales.

Lo que podemos aprender del caso de éxito de esta plataforma es lo importante que resulta monetizar el contenido y aprovechar las diferentes comunidades para lograrlo.

Hoy en día existen muchos emprendedores que no saben que la audiencia viene antes que las ventas. Quieren obtener ganancias, pero no han formado previamente una comunidad a la cual ofrecerle su producto o servicio. Para ellos, OnlyFans es una gran alternativa: pueden generar comunidad y hacer que su marca llegue a mucha gente de manera simple.

Una empresa que proporcione la creación de contenido exclusivo para OnlyFans, con una buena estrategia y para una comunidad ávida de él, sería una excelente forma de hacerse de ingresos y abrir una nueva oportunidad de negocios.

Innovación y tecnología

Subcategorías:
Software, apps, videojuegos, realidad virtual, realidad
aumentada, inteligencia artificial

EXPORTA *KNOW-HOW* BARATO
Servicios de programación
Porque siempre va a haber alguien que lo haga mejor y a menor precio, y tú puedes ser ese alguien

Idea: ofrecer servicios de programación a *startups*, pequeñas y medianas empresas de Estados Unidos.
Mercado: *B2B*.
Addressable market: *startups* y pequeñas y medianas empresas que no cuentan con capital suficiente para el desarrollo de software.
Readiness: alto.
Inversión: alta.

Desde sus inicios el mercado global de desarrollo de software estuvo concentrado en tan sólo un puñado de empresas y unos cuantos países que presumían que se «las sabían de todas, todas» en cuanto a desarrollo se refiere. El paradigma ha cambiado en los últimos años, y hoy en día hay cada vez más ingenieros en sus países, en sus universidades y hasta en sus casas, con las habilidades y el conocimiento para entrarle con todo.

Hoy ya muchos emprendedores en países como Estados Unidos y Europa voltean a ver a otras latitudes para adquirir talento a menor costo, especialmente aquellas empresas que no han tenido acceso al capital ni de la tía rica ni de un inversionista ángel, y ya no digamos un *venture capital*. Y como el desarrollo de software en Silicon Valley es impagable principalmente en las primeras etapas, buscar talento alrededor de mundo es una gran opción.

Actualmente, países como Filipinas, India, Venezuela y, por supuesto, México son verdaderos ecosistemas de talento tecnológico, muy bien consolidados y con mano de obra altamente calificada, lo que les ha permitido atraer «*eyeballs*» en el mercado internacional —principalmente el norteamericano—.

El principal problema, hoy en día, es que la mayor parte de los programadores y desarrolladores que se dedican a esto son contratistas independientes, es decir, que se dedican a buscar proyectos por cuenta propia. En efecto, hay mucha demanda, pero cada programador debe encargarse de buscarla, negociar con el cliente y convencerlo de que es la mejor opción. En pocas palabras, «sálvese quien pueda».

Esto genera una gran oportunidad de negocio, pues se puede ofrecer a todos estos contratistas independientes una alternativa más institucional, en la que ya no sean ellos los que tengan que andar buscando el negocio, sino que sea una empresa la que se encargue de acercarles proyectos.

Lo cierto es que, actualmente, hay muy pocas empresas entrándole al mercado de exportaciones de programación, y me parece que hay una oportunidad enorme. Probablemente no sea algo novedoso, pero obedece a una necesidad real en el mercado. Por ejemplo, en Asia, hay diferentes empresas que se están dedicando con mucho éxito a esto. Uno de los casos más famosos es Lemon.io, que se anuncia como un secuaz de las *startups*. Lo que hace esta empresa es, básicamente, fungir como un intermediario entre las empresas emergentes y los desarrolladores de software. De este modo, Lemon.io designa al desarrollador adecuado para cada proyecto, dependiendo de las necesidades específicas de cada empresa.

La idea, en realidad, es bastante flexible; por ejemplo, se puede combinar el concepto de *outsourcing* con el de *marketplace*. Y lo mejor es que puedes arrancarlo casi de inmediato, en chiquito, con una página sencilla, con un directorio de diez o veinte o cincuenta programadores que encuentres en tu ciudad, a los cuales hayas revisado personalmente, y una vez hecho esto, comienzas a buscar a los primeros clientes.

CREA UNA EXPERIENCIA VIRTUAL A MEDIDA
Extensiones para navegadores web
Porque las cosas personalizadas son más cool

Idea: crear extensiones para Chrome y otros navegadores.
Mercado: *B2B*.
Addressable market: empresas de todo tipo que quieran invertir en desarrollo de software para mejorar la productividad.
Readiness: alto.
Inversión: baja.

Una extensión para navegador no es más que una pequeña unidad de software, también conocida como «complemento» o *plug-in*, que se aloja dentro del propio navegador y ejecuta un código que puede mejorar la experiencia de navegación del usuario. Dicho de otra forma, las extensiones funcionan como pequeños programas de software que personalizan la experiencia de navegación, permitiéndonos agregar más funciones al navegador web.

En ese sentido, el navegador de Chrome es uno de los más versátiles, pues te permite añadir todo tipo de complementos para mejorar su uso. Para que te des una idea de lo diferentes que pueden ser estas extensiones, podemos mencionar las siguientes:

- Last Pass: permite crear contraseñas infalibles, e iniciar sesión de manera automática.

- Save to Pocket: permite guardar páginas web, enlaces, imágenes, archivos y demás, y luego sincroniza automáticamente los resultados en todos sus dispositivos.
- Fox Clocks: muestra la hora en diferentes países en la parte inferior de su navegador, ahorrándote la molestia de buscar esta información en Google.
- Stylish: le da un nuevo aspecto a las páginas web poco atractivas, mediante esquemas de color personalizados.
- Adblock Plus: bloquea los anuncios y las *cookies* de seguimiento y mejora la velocidad y la privacidad.

Lo interesante de estas extensiones es que son relativamente fáciles de desarrollar, ya que no se trata de crear una aplicación, sino más bien un pequeño software que realice una o dos cosas a lo mucho. Por lo tanto, puedes generarlas sin tener que sumergirte intensamente en el código nativo y aun así hacer algo que tenga mucho impacto.

No obstante, el desarrollo de extensiones para navegadores es un tanto reñido. Tan sólo Chrome cuenta con casi doscientas mil extensiones disponibles, Aunque debemos considerar que sólo un puñado de ellas tienen más de diez millones de usuarios. De hecho, poco más de 10% de esas doscientas mil extensiones no han sido instaladas por nadie.

Probablemente, la verdadera oportunidad no esté en desarrollar extensiones y esperar a ver quién las baja, sino en producirlas bajo demanda. Si sabes cómo hacerlo, puedes, por ejemplo, crear extensiones con base en las necesidades específicas de una empresa y ayudarle a mejorar su rendimiento y productividad. Así conviertes la experiencia de navegación en algo hecho a medida.

CREA ROBOTS QUE LO HAGAN TODO
Robotic Process Automation, RPA
Porque ¿para qué hacerlo todo, si puede haber un robot que lo haga por ti?

Idea: ofrecer productos y servicios relacionados con el desarrollo e implementación de software para la automatización de procesos.
Mercado: *B2B*.
Addressable market: *startups*, empresas públicas y privadas, instituciones educativas y cualquier organización que requiera automatizar sus procesos para un mejor aprovechamiento del tiempo.
Readiness: alto.
Inversión: alta.

La automatización robótica de procesos (RPA, por sus siglas en inglés) es una industria dedicada a crear, implementar y administrar robots de software que emulan las acciones humanas e interactúan con sistemas y otros software digitales. Esto con el fin de automatizar procesos y facilitar la vida de las empresas. Un software de este tipo puede ejecutar, de forma automática, tareas de toda clase, desde facturar la orden de compra de un cliente, aprobar una solicitud de préstamo, completar el ingreso de datos, hasta las tareas de recursos humanos y operaciones comerciales más complejas. El resultado: la empresa ahorra tiempo, dinero y esfuerzo.

No importa cuál sea la actividad que esté reemplazando, es un hecho que los robots de software podrán hacerlo más rápido y de manera más consistente que una persona. Y sin tomarse descansos, ni hacer pausas para irse a tomar un café o echarse un cigarro. Este tipo de procesos permiten, además, mejorar la experiencia del cliente y aumentar la propuesta de valor de la compañía.

El mercado es muy vasto: empresas públicas y privadas, instituciones educativas, empresas emergentes, etcétera. Y hay mucha oportunidad: puedes vender servicios y productos de automatización para que las empresas se vuelvan escalables. Aunque la inversión es alta, así también lo son las ganancias.

APRENDE A PREDECIR EL FUTURO
Algoritmos predictivos
Porque no tienes que ser adivino, basta con que sepas de algoritmos predictivos

Idea: desarrollar algoritmos predictivos.
Mercado: *B2B.*
Addressable market: empresas de todo tipo.
Readiness: alto.
Inversión: alta.

Para nadie es un secreto que los datos de usuario son uno de los recursos más valiosos del mundo en este momento. Ahora bien, los datos, sin alguien que sepa usarlos, no son nada. Porque si bien es cierto que los teléfonos inteligentes e internet permiten que las empresas tengan un gran acceso a esta información, sin embargo, sólo aquellas que saben cómo aprovechar los datos tienen gran éxito. Es el caso, por supuesto, de gigantes tecnológicos como Facebook, Google, Amazon o Netflix, que utilizan nuestros datos para crecer aún más su negocio. ¿Cómo utilizan los datos? De muchas maneras, pero aquí me interesa centrarme en una que encuentro especialmente interesante como oportunidad de negocio: los algoritmos predictivos.

Me refiero a esas fórmulas capaces de anticipar comportamientos futuros con base en información presente, con el fin de optimizar procesos. Mediante el aprendizaje automático y la interpretación de datos, estos algoritmos pueden identificar patrones, lo que resulta muy conveniente desde el punto de vista comercial si, por ejemplo, queremos conocer las preferencias de consumo de los usuarios y saber qué venderles, cuándo y cómo.

Una excelente idea sería poner una consultora que ofrezca el servicio de algoritmos predictivos a empresas de todo tipo. Tiene una barrera de entrada mucho menor a otros sectores importantes a futuro y probablemente requiere de menos inversión. Por lo pronto, es un juego de talento, de estudios.

COMERCIALIZA DATOS
Big data
Porque los datos son el oráculo de hoy

> **Idea:** crear aplicaciones que recaben información de hábitos de consumo.
> **Mercado:** *B2B.*
> **Addressable market:** empresas minoristas.
> **Readiness:** alto.
> **Inversión:** baja.

Los datos están modificando la forma en que las empresas hacen negocios y se relacionan con sus clientes. El comercio minorista no es la excepción. Actualmente, con el desafío que presenta el comercio electrónico, liderado por titanes como Amazon, los comercios minoristas necesitan mantenerse competitivos a como dé lugar. La pandemia sólo ha empeorado la situación. Muchos comercios están comenzando a cerrar o se enfrentan a una crisis sin precedentes. La situación ha orillado a muchos a recurrir a herramientas que antes dejaban de lado, como el análisis de datos que les permitan entender los patrones de consumo de sus clientes y, mediante esta información, poder optimizar los precios, agilizar las operaciones y mejorar la experiencia de compra.

Y es que si algo es innegable es que los clientes esperan personalización. Esperan experiencias gratas al comprar, y si no las obtienen en un lugar, se irán a otro. Así de sencillo. En los tiempos que corren, las empresas minoristas no se pueden dar el lujo de perder clientes. Y es por eso que el *big data* puede ayudarles a aumentar las ventas y mejorar la satisfacción del cliente.

Hay una oportunidad enorme en este campo, porque el análisis de *big data* lo mismo puede predecir tendencias emergentes que ayudarles a las empresas a dirigirse al cliente correcto en el momento idóneo. Además les ayuda a ahorrar costos, porque les permite definir, con base en los patrones de consumo de sus clientes, los artículos más vendidos, las tendencias, la estacionalidad y otros factores. De esta manera, un local comercial puede saber la cantidad justa de productos que requiere, y no pedir de más.

Por otro lado, hay una gran oportunidad en todo lo relacionado con el *crowdsourcing* de *data* y las formas de explotarlo. Un ejemplo de ello es lo que está haciendo Shopnet, una *startup* que recientemente vendió 30% de sus acciones a FEMSA. Esta empresa se dedica a recopilar hábitos de compra, comportamientos, etcétera, y luego vende toda esta información a otras empresas. Lo interesante es la forma en la que recopila la información: cuenta con una aplicación en la que el cliente puede subir su ticket de compra y registrarlo, y a cambio recibe una bonificación en puntos equivalente a 10% de su compra; estos puntos le sirven para efectuar otras compras, porque los puede canjear en diversos establecimientos. En pocas palabras, lo que hace Shopnet es comprar tu ticket para poder vender esa información a otras empresas. La gente comparte sus hábitos de consumo voluntariamente, a cambio de dinero, sin que la empresa que al final recibe los datos tenga que hacer nada. Ya ni siquiera tiene que mandar a su gente a recabar esta información. Les llega sola, por medio de la app. Definitivamente, veo una oportunidad enorme en esto, aún hace falta una plataforma que logre ganar en ese espacio. ¿Podrías ser tú quien la monte?

DEJA QUE ALEXA TE LLEVE
Tecnologías de voz
Porque una voz puede cambiar el mundo

Idea: desarrollar tecnologías de voz y asistentes de inteligencia artificial (IA)

Mercado: *B2B.*

Addressable market: empresas que requieren la integración de sus servicios con tecnología de voz e internet de las cosas.

Readiness: alto.

Inversión: alta.

Debido en gran parte a asistentes como Alexa, Siri y Google Assistant, la tecnología de voz ha experimentado un gran crecimiento en la última década. Sin embargo, la industria de los asistentes de voz aún tiene que alcanzar su máximo potencial y lo más seguro es que termine siendo una parte integral de muchas de las aplicaciones que usamos todos los días. Sin duda vamos a ver la llegada de nuevos mercados, aplicaciones y plataformas para asistentes de voz en los próximos años. Si no, por qué crees que, aunque actualmente hay 10 billones de dólares en la industria, se proyecta que para 2027 serán 27 billones, es decir, el mercado se va prácticamente a triplicar. Estamos hablando de que más de un billón de dispositivos implementarán este tipo de tecnología. La industria de la voz remodelará, en muy poco tiempo, la percepción pública de la inteligencia artificial y su papel en la vida cotidiana.

La oportunidad de negocio aquí es evidente. Las empresas que desarrollen tecnología enfocada a la programación de elementos de voz y fabricación de hardware van a encontrar un nicho importante. Y ésa no es la única manera de entrar al mercado. Se puede desarrollar tecnología para hogares que integren la inteligencia artificial y el internet en el funcionamiento de las cosas. Por ejemplo, en los últimos años he visto miles de marcas de cortinas eléctricas que ya se controlan con la voz. También se pueden crear dispositivos con micrófono para refrigeradores y otros electrodomésticos; ya existen algunos que se pueden comunicar con Alexa y otros asistentes, pero la demanda seguirá creciendo.

Por alguna razón, en México y Latinoamérica los dispositivos de voz aún no han alcanzado los números que estábamos esperando. Es probable que falte un poco de mayor integración, es decir, que las empresas que ya otorgan servicios como *software as a service*, se conecten al dispositivo que ya está en casa, para que el usuario aproveche al máximo los beneficios de esta tecnología. En todo caso, es seguro que pronto llegará el boom de esto a nuestras latitudes y, cuando eso pase, será con fuerza, por lo que te recomiendo que te vayas preparando si esto es algo que te interesa.

QUE NUNCA MÁS TE DIGAN «*GAME OVER*»
Gamificación para empresas
Porque todos queremos ser niños de nuevo

> **Idea:** ofrecer herramientas de gamificación a empresas.
> **Mercado:** *B2B*.
> **Addressable market:** empresas de todo tipo que quieren aumentar *engagement* en clientes y su plantilla laboral.
> **Readiness:** alto.
> **Inversión:** baja.

Probablemente ya lo sepas, pero, por si acaso, te lo recuerdo: la gamificación es una técnica de aprendizaje que traslada la mecánica de los juegos al ámbito educativo y profesional. Lo que es interesante no es que esto exista, sino que muchas empresas ya lo están utilizando como herramienta para el desarrollo de aplicaciones, campañas de marketing, fidelización, etcétera.

Por ejemplo, hace poco me enteré de que el programa de lealtad de Starbucks, en Estados Unidos, está gamificado: el usuario debe cumplir ciertos retos para subir de nivel o adquirir recompensas. Por supuesto, los retos son compras, lo que con el tiempo genera nuevos hábitos de consumo. Me parece una herramienta muy interesante e inmensamente eficaz para hacer que el cliente compre, pues distrae la atención del consumidor de la transacción y reduce la fricción financiera. Entonces, el usuario ya no siente que la compra de un café es meramente transaccional, sino que se concentra en el incentivo, que es el juego.

Otra aplicación interesante de la gamificación es en la plantilla laboral. Los empleados no son autómatas y para mantenerse motivados necesitan un sentido de valor y propósito. A través de la gamificación y desafíos personalizados, los empleados pueden ir involucrándose cada vez más con la empresa para la que trabajan y se genera un sentimiento de pertenencia y orgullo. En Estados Unidos y Europa hay algunas compañías que ya se dedican a ofrecer servicios de gamificación para empresas orientadas a clientes y empleados. En México es una gran oportunidad, porque aún no hay un mercado saturado. Lo mismo va para la aplicación de esta herramienta en campañas de marketing, fidelización y *engagement*. Cualquier esfuerzo que puedas hacer en esta dirección tendrá buenos réditos.

JUEGA CON LA VOLUNTAD DE LA GENTE
Gamificación para usuarios
Porque no sobra un empujoncito para cumplir lo que prometemos

Idea: desarrollar aplicaciones de gamificación para usuarios.
Mercado: *B2C.*
Addressable market: deportistas, gente que quiere hacer dieta o comenzar una vida saludable y no sabe cómo comenzar.
Readiness: alto.
Inversión: baja.

Siguiendo con la idea anterior, también hay un aspecto de la gamificación que puede estar dirigida al público en general.

Recientemente, me llamó la atención la compañía Cadoo, que se dedica a gamificar el *fitness* por medio de una plataforma que le pone retos al usuario, de modo que si logra llevarlos a cabo recibe dinero en efectivo, pero si no lo hace, pierde dinero. En pocas palabras, lo que hace la plataforma es monetizar el compromiso de hacer ejercicio. Y más allá de eso, es una forma novedosa e interesante de motivar a la gente a levantarse de su sillón y comenzar a hacer ejercicio. Al parecer es un éxito y la tracción que trae en el mercado es muy buena. Tan sólo el año pasado la empresa recaudó 1.5 millones de dólares en fondos iniciales.

El modelo comercial de Cadoo se basa en cobrar una tarifa a los usuarios que quieren intentar un desafío. Si lo logras, te regresan ese dinero, si no, tu tarifa de entrada se distribuye entre los otros usuarios que sí cumplieron el reto, convirtiéndolo, de esta manera, en una especie de apuesta en la que ganan quienes logran cumplir.

Me gusta mucho la propuesta, porque creo que hay un mercado amplio para este tipo de aplicaciones; se pueden adaptar a una gran variedad de temas, no sólo *fitness,* sino también educación, lectura y, en general, todo lo que esté relacionado con propósitos que la gente siempre tiene, pero que no concreta por diversas razones. Dale una vuelta y, si te suena, apuesta por ahí.

DESPIDE A LOS REPARTIDORES DE PEDIDOS
Delivery a domicilio con drones
Porque lo bueno, si rápido, dos veces bueno

> **Idea:** ofrecer el servicio a domicilio con drones aéreos y de banqueta.
> **Mercado:** *B2B*.
> **Addressable market:** hospitales, restaurantes, *e-commerce* y todo tipo de empresas que requieran un servicio rápido y eficiente de entregas para sus productos.
> **Readiness:** alto.
> **Inversión:** baja.

Los drones se utilizan cada vez más en una amplia gama de contextos. Uno de los que más está sonando en la prensa últimamente es el de entregas con drones. A muchos, quizás, esta idea puede parecerles fantasiosa; a otros, probable, pero lejana. Lo cierto es que, actualmente, ya existen algunas empresas operando sus servicios de entrega mediante drones en varios países. Tal es el caso de Wing, que es propiedad de Alphabet, la empresa matriz de Google; o Manna Aero, una compañía que ya está operando en Irlanda. Por su parte, Amazon viene anunciando su servicio de entregas denominado Prime Air, el cual se suponía que debía comenzar a operar en 2019, pero a la fecha no se ha concretado. También existe la entrega con drones de banqueta, pequeños robots automatizados que van recorriendo las calles para realizar entregas.

Creo que este sector es muy interesante, aunque aún representa muchos retos de logística para poder implementarlos. En algunas ciudades de México, y muchas otras de Latinoamérica, por ejemplo, puede resultar complicado poner en funcionamiento estos servicios de entrega, considerando que hay zonas que pueden llegar a ser intransitables para un dron, tanto aéreo como de banqueta. Probablemente es sólo cuestión de definir rutas y un rango de distancias para que el servicio se mantenga eficaz; porque, eso sí, las ventajas son muchas. El poder pedir cualquier producto y que te llegue en poco tiempo es, sin duda, el principal. Imagina que estás en la Condesa y se te antoja una hamburguesa de un local en la Roma. Con un repartidor en moto se tomaría poco más de media hora en llegar, mientras que al dron le tomaría solamente diez minutos. Simplemente aterriza encima de ti, escanea tu código para verificar que eres tú y finalmente te entrega tu pedido. Fascinante. Y eso para no hablar de cómo podría serle útil este servicio al sector salud: sería maravilloso hacer llegar medicamentos y otros insumos a poblaciones de difícil acceso utilizando esta tecnología. Si esto es algo que te interesa, aún tienes tiempo para darle una vuelta. Pero no mucho, porque el día que esto pase va a haber un boom y habrá mucho dinero de por medio. Así es que ve pensando cómo puedes hacerte parte de lo que, anticipo, será una gran oportunidad de negocio.

ENTRENA EN SÃO PAULO AUNQUE ESTÉS EN HELSINKI
Gimnasios de simulación
Porque el deporte no tiene fronteras

Idea: plataformas y gimnasios con realidad virtual.
Mercado: *B2B, B2C*.
Addressable market: gimnasios, centros de entrenamiento, instructores y atletas.
Readiness: alto.
Inversión: alta.

Una gran oportunidad de negocio en el sector del *fitness* es el de simulación. Una de sus aplicaciones es utilizar esta tecnología para impartir las clases de fitness *online* en un dispositivo de realidad virtual y que el usuario sienta como si se encontrara físicamente en el gimnasio. Otro aplicación, un tanto más compleja es montar un gimnasio de simulación. Éstos se están volviendo una tendencia, sobre todo para atletas de alto rendimiento, que necesitan entrenar bajo ciertas condiciones, pero no siempre les resulta sencillo hacerlo porque se la pasan viajando. Es una idea muy buena: imagina que eres un ciclista o un corredor que vive en un país sobre el nivel del mar y te estás preparando para una carrera en la Ciudad de México o en Perú, donde la altura es mucho más elevada. Ya no tienes que desplazarte hasta allá para entrenar y predisponer a tu cuerpo, sino que, gracias un gimnasio de simulación, puedes recrear estas condiciones. Son espacios de inmersión personalizada, operados por inteligencia artificial. Aquí hay una oportunidad de negocio. Aunque el nicho no es muy grande, las personas que comprarían algo así podrían pagar mucho dinero por ello, de modo que al final saldría la cuenta.

RENTABILIZA EL METABOLISMO DE LA GENTE
Parches glucémicos
Porque no sólo las personas diabéticas lo necesitan

Idea: comercializar parches no invasivos para medir el nivel de glucosa en la sangre.
Mercado: *B2B, B2C.*
Addressable market: pacientes con diabetes, atletas de alto rendimiento, hospitales, centros de salud, clínicas.
Readiness: alto.
Inversión: alta.

La diabetes es una enfermedad que afecta a más de 463 millones de personas en todo el mundo y se estima que esta cifra pueda aumentar a 578 millones para 2030. Se trata de una enfermedad que requiere de muchos cuidados y para muchas personas puede ser un tanto complicado controlarla, pues se precisa de mucha disciplina y constancia. Además, quienes sufren de esta enfermedad tienen que medir sus niveles de azúcar en la sangre constantemente; algunos, incluso varias veces al día. Esto se hace, generalmente, pinchándose el dedo con una lanceta, lo que puede resultar incómodo y doloroso para muchos.

Debido a esto, muchas compañías se han dado a la tarea de producir todo tipo de instrumentos que permitan medir la glucosa de forma precisa y sin necesidad de agujas. El avance de la tecnología en ese ámbito ha propiciado el auge de todo tipo de productos: desde sensores infrarrojos, sensores subcutáneos y uno de los más populares: los parches de índice glucémico. El mercado para este último ha venido creciendo desde hace ya varios años y entre los jugadores principales encontramos compañías farmacéuticas como Antares Pharma, European Pharma Group BV, Johnson and Johnson, Echo Therapeutics y Mann-Kind Corporation, así como empresas de desarrollo tecnológico como Samsung y la holandesa Philips e instituciones de gran prestigio como MIT. La razón para que haya tantos jugadores apostándole a esto es simple: quien desarrolle el mejor instrumento de medición de glucosa se queda con el mercado.

Una de las novedades más recientes en el mercado fueron los parches infantiles, lo cuales tienen diseños amigables y coloridos para que los niños con diabetes vayan aprendiendo cómo deben medir sus índices glucémicos y se vayan familiarizando con la información que deben manejar para un correcto cuidado de la enfermedad. Otras de las cosas interesantes a nivel tecnológico es que cada vez hay más instrumentos que nos ayudan a medir cómo se encuentra nuestro organismo. Es el caso de FreeStyle Libre, un producto novedoso que permite monitorear la respuesta de la glucosa a diferentes estímulos, como el ejercicio y el estrés, y, por supuesto, los alimentos consumidos. Se trata de un parche redondo de dos pulgadas de diámetro, muy semejante a una curita, que cubre un disco de plástico diminuto con un filamento que penetra la piel. Éste es el encargado de medir los niveles de azúcar.

El sensor cuenta con una memoria que permite almacenar hasta ocho horas de lecturas de glucosa, realizando una medición cada quince minutos. La información que recibe se envía luego a dispositivos compatibles que funcionan como lectores. Actualmente, los desarrolladores se encuentran trabajando en un monitor que pueda mandar la información por Bluetooth, de manera que se puedan recibir actualizaciones en cualquier teléfono inteligente.

Levels Health se encuentra aún en su fase beta, pero ya se puede acceder a él. El costo por un mes es de 400 dólares, aproximadamente. Y lo que resulta interesante es que se está comercializando a un público no necesariamente diabético: sobre todo, atletas y personas que buscan desde un rendimiento óptimo hasta mantenerse saludables. Levels Health planea su lanzamiento completo a principios de este año y ya cuenta con más de cien mil personas en lista de espera. Si ves cómo, tú también deberías ver la posibilidad de comercializar estos parches.

AYUDA A QUE LAS PERSONAS ESCAPEN A SU REALIDAD

Espacios virtuales

Porque todo el mundo desearía tener otra vida, de vez en cuando

Idea: desarrollar espacios virtuales con tecnología VR, AR O IA, o vender equipos asociados.
Mercado: *B2B* o *B2C*.
Addressable market: empresas desarrolladoras o constructoras de espacios o público en general.
Readiness: alto.
Inversión: alta.

El futuro nos ha alcanzado. Gracias a los avances tecnológicos en la realidad virtual, la realidad aumentada y la inteligencia artificial, los espacios virtuales son ya un hecho. Ahora, podemos vivir y trabajar en un universo simulado que se ve y se siente como nuestro mundo físico, pero sin las restricciones espaciales o incluso temporales del mismo. Por el momento, la interacción social es uno de los aspectos más explotados en esta tecnología. Plataformas como Spatial o Big Screen te permiten ver películas en salas de cine, así como eventos deportivos, conciertos y demás. Todo desde la comodidad de tu casa. Puedes pasar un rato agradable con tus amigos y familiares, aunque físicamente no te encuentres con ellos. Es realmente increíble.

Pero entre todas esas aplicaciones de la realidad virtual, hay una que me interesa especialmente: la del tratamiento de pacientes con trastornos mentales y fobias. Existe ya una aplicación, Fearless, que te permite confrontar miedos como el pánico a las alturas, a los espacios cerrados o a las serpientes en un espacio virtual. Es muy probable que en pocos años comencemos a ver que hospitales y centros de medicina alternativa integran este tipo de tecnología en diferentes tratamientos.

Hay, verdaderamente, una inmensa oportunidad de negocio en este mercado de los espacios virtuales, porque las aplicaciones son muchas y muy variadas: desde diseño, atención médica, ingeniería, videojuegos, aplicaciones militares, educación, salud y bienestar, etcétera. Así mismo, se puede participar del mercado desarrollando aplicaciones, marketing o incluso en la fabricación o comercialización de dispositivos, como los *headsets*, baterías, unidades de almacenamiento, *displays*, etcétera.

Estamos hablando de un mercado que va a explotar muy rápido. Por ejemplo, en el año 2020, el número de envíos globales de dispositivos de realidad virtual era de 13.48 millones y se espera que este volumen aumente a 112.62 millones de unidades para 2026, lo que representaría un crecimiento de poco más del 33 por ciento. El mercado más grande es el norteamericano, si bien se estima que el que va a crecer más rápido es el de la región Asia-Pacífico. Con base en estas predicciones, las principales empresas tecnológicas como Google, Facebook y Microsoft, están apostando a este sector que se ha vuelto prioritario. Si tú tienes cómo hacerte parte de este boom que se avecina, te aconsejo que lo hagas, pues una vez esto esté aquí, será imparable y así también lo serán las ganancias.

VE EN *AUTOPILOT*
Software de conducción de vehículos
Porque a nadie le gusta taaanto conducir

Idea: crear software que permitan la conducción de vehículos automática.
Mercado: *B2B.*
Addressable market: industrias y empresas con flotillas de camiones, autobuses y vehículos en general.
Readiness: alto.
Inversión: alta.

Los vehículos totalmente autónomos cada vez están más cerca. En realidad, las bases están ya puestas, aunque aún se necesita desarrollar tecnología que permita que un automóvil se conduzca solo y de manera segura, en distintos escenarios y bajo cualquier condición. Mientras esto ocurre, algunos visionarios como George Hotz han comenzado a desarrollar todo tipo de plataformas y dispositivos que permitan que un vehículo sea capaz de analizar su entorno y tomar decisiones. Tal es el caso de Openpilot, un software desarrollado por Comma, la compañía de Hotz, el cual permite que un vehículo sea parcialmente autónomo.

Entre las funciones que Openpilot ofrece se encuentran:

- Mantener el vehículo en el carril y a una distancia segura de los otros coches, detectándolos con anticipación.
- Permitir que el conductor deje de controlar el volante y el acelerador.
- Detectar los límites del carril y de la carretera, aun sin necesidad de líneas o señalizaciones.

Openpilot es un software de código abierto, de manera que cualquiera puede descargarlo y probarlo en su coche. De hecho, en internet ya se encuentran varios videos de personas que lo han implementado en vehículos que incluso no cuentan con el hardware necesario para ser autónomos, pero que han sido *hackeados* para estos fines mediante el uso de adaptadores compatibles con el software de Comma.

Openpilot se basa en el aprendizaje automático, lo que quiere decir que el software va «aprendiendo» cómo conducimos y registra la información para imitarnos; por lo tanto, cuanto más y mejor conduzcamos, mejor será el sistema.

Ciertamente, aún hay mucho camino que recorrer, pero las aplicaciones de esta tecnología son muchas y muy variadas, lo que abre un mercado bastante grande para explorar. Una de las que se me ocurre es la implementación de este sistema —o alguno parecido— en el sector industrial, con todas estas empresas que tienen flotillas de camiones de carga y que requieren la mayor seguridad para evitar accidentes; estoy hablando de la industria minera, de construcción, de maquinaria pesada e incluso empresas de logística y de pasajeros. Hay un gran campo de oportunidad en estos sectores y, sobre todo, hay mucho capital. Si se puede desarrollar y comercializar un software que optimice la conducción de vehículos y brinde mayor seguridad a estos sectores sería algo muy rentable, porque son empresas que manejan muchos fondos y no les costaría nada invertir. Si tú puedes hacerlo o sabes quién puede, adelante.

VENDE EFICIENCIA
Desarrollo de herramientas de productividad
Porque el tiempo es oro y todo el mundo lo sabe

Idea: desarrollar y comercializar aplicaciones que mejoren la productividad.
Mercado: *B2C.*
Addressable market: empleados, oficinistas, gente que hace *home office*, gerentes, equipos de trabajo, estudiantes de todo tipo.
Readiness: alto.
Inversión: baja.

Se dice que a mayor productividad, mejores resultados. El tema es que esa frase contiene dos conceptos bastante complejos y polisémicos. Porque ¿qué significa «mejores resultados»? ¿Más dinero, mayores ventas, un trabajo más eficiente? ¿Y qué significa «productividad»? Las respuestas pueden variar muchísimo, dependiendo de a quién le preguntes y es por eso que muchos consejos y métodos de productividad resultan ineficientes. Lo que sí es universal es que cada persona y empresa tienen unas necesidades y unas metas específicas. La productividad debería entonces estar basada en cómo organiza cada quien su tiempo y recursos para alcanzar esas metas.

Existe un gran mercado para las aplicaciones y las herramientas de mejora de la productividad y creo que una excelente idea de negocio sería desarrollar una que permita a los usuarios adaptarla a sus metas y necesidades. Para que te des una idea del tamaño del mercado global: está valorado en 42 620 millones de dólares y se espera que crezca a una tasa de 14.2% anual hasta 2028. Ahora es un momento excelente para explorar este sector, dado que la reciente pandemia impactó el flujo de trabajo y cambió las reglas del juego. Hay muchas empresas con la necesidad de reorganizar su método y acomodarse a las nuevas circunstancias. En este contexto la creación de herramientas que aumenten la productividad de los empleados que están haciendo *home office* puede ser una gran opción. También aquellas aplicaciones que ayuden a tener un mejor *workflow*, faciliten la comunicación entre los miembros de un equipo de trabajo o reduzcan las distracciones durante las horas laborales. Cualquier cosa que le ayude a las empresas a cumplir sus metas en tiempo y forma está a pedir de boca.

ÉCHATE A RODAR
Aplicaciones y plataformas dedicadas a viajes
Porque viajar nunca pasa de moda

Idea: desarrollar y comercializar aplicaciones y plataformas para viajeros.
Mercado: *B2C*.
Addressable market: viajeros de todo tipo: campistas, mochileros, etcétera.
Readiness: alto.
Inversión: baja.

Sin lugar a dudas, la pandemia ha sido la mayor crisis de la historia para la industria de viajes a nivel global. Es un sector al que le ha ido bastante mal en los últimos años, debido a las restricciones sanitarias que se vivieron en todos los países. Desde 2020, el crecimiento para este sector ha sido prácticamente nulo, y sólo se compuso brevemente antes de que las crecientes tasas de infección por las nuevas variantes obligaron a las autoridades a cerrar las fronteras nuevamente.

Todos los negocios que se dedican a viajes, así como aquellos que dependen directa o indirectamente de esta industria, han tenido que endeudarse para salir de la crisis y muchos comercios relacionados han quebrado. Hasta las compañías de viajes más sólidas han tenido que recaudar efectivo, despedir personal y reducir operaciones.

Sin embargo, una de las características que tiene este sector es que rebota fácilmente. Es un tipo de negocio que podríamos definir como «resortera»: se echan para atrás durante la crisis, pero, cuando ésta pasa, salen disparados y con más fuerza. Y esa naturaleza ya empieza a apreciarse y se vislumbra un mayor crecimiento en el transcurso de 2022, en la medida en que cada vez más países comiencen a levantar ya el cerco sanitario. Por eso justamente es que éste es un buen momento para meterse en el mercado. Una idea de cómo hacerlo es considerando que hay una nueva conciencia ambiental y que eso afectará la manera en que muchas personas quieran viajar de ahora en adelante.

Un ejemplo de lo que te digo es The Dyrt, la plataforma de *camping* número uno, la cual ha logrado recaudar más de 11 millones de dólares en financiamiento.

The Dyrt se destaca de otras aplicaciones de actividades al aire libre porque está enfocada en la cada vez más creciente comunidad de mochileros de todo el mundo. The Dyrt es una aplicación que te permite conocer todo acerca de los cuarenta y cuatro mil lugares que existen para acampar en Estados Unidos y cuenta con más de cuatro millones de fotos y reseñas. Otro ejemplo es el de diversas aplicaciones que sirven para encontrar *aventones* de un lugar a otro en coches de gente que va al mismo destino.

Definitivamente hay un nicho ahí y creo que vale la pena aplicar alguna de esas estrategias u otra parecida en el mercado mexicano, poniendo especial énfasis en el tema de la seguridad.

CONVIÉRTETE EN CENTINELA DIGITAL
Servicio de ciberseguridad
Porque soldado advertido no muere en guerra

Idea: ofrecer servicios de ciberseguridad y asesoría relacionada para empresas.
Mercado: *B2B*.
Addressable market: *startups*, pequeñas y medianas empresas.
Readiness: alto.
Inversión: baja.

En los últimos años el robo de información digital se ha convertido en el fraude más reportado por las empresas, superando incluso las denuncias de robo físico. Los negocios serios saben de esto y es por eso que invierten en un plan de ciberseguridad que les permita a los dueños dormir tranquilos. O por lo menos deberían hacerlo.

Es un servicio de alta demanda y muy rentable. Además, existe mucha segmentación en el mercado y creo que un nicho muy interesante es el de las empresas emergentes. En 2020, el mercado global de ciberseguridad se valoró en 183 billones de dólares y se espera que alcance los 352.25 billones para el 2026, lo que significaría un crecimiento de 14.5% durante ese periodo. Por eso pienso que una gran idea de negocio es crear una compañía que brinde soluciones en ciberseguridad a otras empresas, con base en sus necesidades específicas, así como asesoramiento especializado y capacitación.

Ciertamente, la industria está cambiando: antes, la ciberseguridad era un tema que consistía únicamente en la detección y respuesta; es decir, era únicamente reaccionar al crimen. Ahora se comienza a pensar de forma más integral y preventiva. Mucha gente piensa que la seguridad cibernética se refiere únicamente a la implementación de software y a herramientas de monitoreo que protegen correos electrónicos, sistemas operativos, redes y demás de ataques maliciosos o robo de datos. Y tienen razón, pero hay otro aspecto muy importante que suele dejarse de lado, y es el del papel que tienen los empleados en este tema. Por eso, cualquier esfuerzo que se haga en temas de ciberseguridad debe estar acompañado por la debida capacitación del personal, pues sólo con su ayuda se pueden prevenir muchas brechas de seguridad en la empresa. Sea por donde sea que abordes el tema, estoy convencido de que brindar soluciones a las empresas en temas de ciberseguridad es una oportunidad de negocio en alza.

FACILÍTALE EL TRABAJO AL GOBIERNO
Soluciones para sector público
Porque quizá tú tengas lo que le hace falta a tu comunidad

Idea: desarrollar negocios que ayuden a la sociedad y puedan implementarse en el sector público.
Mercado: *B2C.*
Addressable market: empresas públicas, gobierno y sus diferentes oficinas.
Readiness: alto.
Inversión: baja.

Ha habido muchos casos exitosos de *startups* que desarrollan herramientas y se las venden al gobierno para que las implementen. Uno de los más recientes ocurrió en Chihuahua, con una empresa que puso en funcionamiento un modelo de geolocalización para permitir, entre otras cosas, poner multas digitales y monitorear a los agentes de tránsito. Gracias a esta aplicación, la recaudación por multas de tránsito en el estado aumentó en un 67 por ciento. Ahora se busca implementar dicho modelo en más ciudades, y bien podría usarlo el gobierno federal.

Esto es tan sólo un ejemplo, pero me parece una muy buena idea desarrollar productos pensando en modernizar las oficinas públicas en todos los niveles. Si bien el gobierno federal y los estatales se han ido digitalizando, lo cierto es que, en una parte importante, siguen trabajando analógicamente, y esto hace que los procesos sean más complicados, más burocráticos y que también exista más corrupción. En este sentido, el desarrollo tecnológico puede darle la vuelta a muchos problemas.

Hay mucho por hacer, por lo que el campo de oportunidad es enorme: se puede enfocar en oficinas en particular, o incluso en públicos objetivo: por ejemplo, herramientas que tengan como principal objetivo ayudar a grupos vulnerables, o a niños, o a ancianos. Puedes inventarte lo que sea apuntándole a que más adelante tu idea te la compre el Estado porque resuelve algún asunto del sector público de algún modo en que el gobierno no lo haya solucionado o bien porque no haya sabido cómo o porque no haya tenido con qué.

VUÉLVETE UN ÁNGEL DE LA CONTRATACIÓN
Herramientas para reclutamiento de personal
Porque todo el mundo sabe que despedir a un empleado sale demasiado caro

> **Idea:** desarrollar aplicaciones para optimizar el reclutamiento de personal.
> **Mercado:** *B2C.*
> **Addressable market:** empresas que quieran reducir el riesgo al contratar nuevos empleados.
> **Readiness:** alto.
> **Inversión:** baja.

Mi experiencia con la contratación de personal empezó de forma amarga: cada vez que intentaba contratar a alguien, ya fuera en el Instituto o en 4S, siempre me equivocaba. Eso fue hasta que decidí implementar los *bootcamps*, que me permitían trabajar con los candidatos por dos semanas, capacitarlos y conocerlos, lo que resultó excelente. Pero no todas las empresas cuentan con el tiempo o el dinero para implementar estrategias de este tipo. Algunas simplemente quieren facilitar el proceso y tratar de reducir al máximo las probabilidades de fracaso cuando se contrata a alguien, porque para la mayoría de las empresas el proceso de reclutamiento y contratación de personal es complicado.

Es por eso que la idea de Bright Hire me pareció muy buena. Es una compañía que te permite grabar y transcribir una entrevista de trabajo vía Zoom, permitiendo que el entrevistador se concentre únicamente en el candidato y no en estar rellenando formularios o estar tomando notas. Además, a lo largo de la entrevista, el software te sugiere preguntas importantes para hacerle al candidato, lo que ayuda a garantizar que cada entrevista se realice de manera consistente. Al final, la herramienta también te presenta estadísticas, con base en los patrones que ha detectado. Todo, a través de inteligencia artificial.

Por supuesto, no es ninguna casualidad que Zoom esté involucrado. De hecho es uno de los mayores inversores de esta compañía que levantó, tan sólo en su serie A, poco más de 12.5 millones de dólares. Hace poco, en su serie B, consiguió 20.5 millones de dólares. Es decir, se trata de una idea muy atractiva para las grandes empresas, la cual también podría implementarse en México con mucho éxito. Estúdiate esa idea y si no es ésa exactamente piensa en otras maneras en que podrías meterte en el negocio del reclutamiento, pues sin duda hay ahí gran potencial.

Inversión, *e-commerce* y consultoría

Subcategorías:
finanzas, educación, *advisory*,
auditorías

CONSIGUE LOS CLIENTES QUE OTROS NO PUEDEN
Consecución de clientes
*Porque todos los negocios necesitan clientes pero
no todos saben cómo traerlos*

Idea: ofrecer a *startups*, pequeñas y medianas empresas el servicio de prospección, contacto y cierre de clientes potenciales.
Mercado: *B2B*.
Addressable market: pequeñas y medianas empresas que no tienen un *funnel* de ventas o una estructura de ventas para su negocio.
Readiness: alto.
Inversión: alta.

Todos queremos clientes, pero hay muchos emprendedores, empresarios e incluso empresas grandes que están «demasiado ocupados» para salir a conseguirlos. De hecho, se estima que más de la mitad de las pequeñas y medianas no tienen sistemas o estructuras de ventas. No salen a buscar clientes o no reaccionan con prontitud a las solicitudes que llegan de nuevos prospectos —esto me pasó a mí por muchos años—. Tan es así que en el catálogo de problemas de negocios éste siempre aparece entre los primeros cinco.

Por lo tanto, una excelente oportunidad de negocio consiste en poner una empresa que ofrezca la prospección de clientes potenciales para un nicho específico de empresas: *startups*, pequeñas y medianas.

Se me ocurren varias formas de hacerlo: a través de una herramienta que automatice la generación de *leads* o aprovechando la información de herramientas ya existentes como Lusha o Waalaxy, que te permiten capturar información de tus prospectos y segmentarlos mediante distintos filtros.

Una empresa que aprovechara esta información y la convirtiera en un tipo de SAS (*software as a service*) podría agregarle valor a miles de negocios que aún no dominan ni automatizan sus esfuerzos de generación de *leads*. Porque el problema de las herramientas como Lusha es que, si bien son muy efectivas, la tarea de hacer el contacto con el cliente y concretar la primera cita sigue recayendo en la empresa. En cambio, si existiera un emprendimiento que pudiera encargarse de esa parte, del «*heavy lifting*», del «trabajo sucio», solucionaría de verdad el problema de tantos negocios.

La labor de tocar puertas no se le da a todo el mundo de forma fácil, y conseguir que esas puertas se abran es todavía menos sencillo. Por eso, la empresa que se dedicara a esto tendría que generar contenido de valor para esos prospectos de nuestros clientes, idear maneras más eficientes de cerrar ventas, porque una cosa es la automatización de *leads* y otra muy distinta es concretar ventas. Esto sólo se logra si se consiguen hacer esfuerzos que tengan un *call to action*.

Esta empresa también tendría que hablar con las personas «que reparten el bacalao», es decir, los que toman las decisiones. Al final, esto sigue siendo el reto, porque sí, es un hecho que las herramientas digitales han venido a democratizar el acceso para mucha gente, pero también es un problema porque encontrar a la persona idónea para comprar un servicio o un producto, con la urgencia necesaria de hacerlo, es peor que hallar una aguja en un pajar. Una empresa de prospección como la que propongo aquí sabría cómo hacerlo y ése sería su gran valor agregado, uno por el que muchos negocios estarían dispuestos a pagar mucho dinero.

CONVIÉRTETE EN *HEADHUNTER* DE ASISTENTES VIRTUALES
Asistentes virtuales
Porque detrás de todo gran empresario hay un gran equipo (de asistentes)

> **Idea:** ofrecer el servicio de asistentes virtuales a empresas.
> **Mercado:** *B2B*.
> **Addressable market:** emprendedores, *solopreneurs* o empresarios independientes que necesitan ayuda en tareas diarias, pero no requieren o no les alcanza para contratar un asistente de planta.
> **Readiness:** alto.
> **Inversión:** baja.

Un asistente virtual no es más que un colaborador que se encarga de realizar tareas específicas para tu empresa, y lo hace de forma remota, desde su casa o desde una isla tropical. En realidad, desde donde sea. Visto de ese modo, con la pandemia de covid, todos nos convertimos, de alguna u otra forma, en asistentes virtuales.

Esto ya venía de tiempo atrás. Conforme la tecnología fue avanzando y el internet se volvió una herramienta de trabajo tan cotidiana como necesaria, las empresas se fueron dando cuenta de que el trabajo a distancia podía ser una alternativa viable. Ahora todo el mundo sabe que es posible trabajar de ese modo y es por eso, entre otras cosas, que éste es un sector cuya demanda va en aumento, sobre todo en el segmento de empresas emergentes.

Muchos emprendedores, especialmente cuando están comenzando, no tienen recursos para contratar personas, pero saben que deben delegar para poder crecer. En adición a eso, existen ciertas actividades que requieren de habilidades mucho más especializadas. Y es ahí donde está la oportunidad de negocio. El mercado de asistentes virtuales ha obligado a este sector a diversificarse, de manera que, hoy en día, podemos encontrar asistentes con diferentes perfiles y habilidades, desde aquellos que sólo se encargan de tareas administrativas hasta aquellos que ofrecen servicios más sofisticados como gestión de proyectos o consultoría.

Muchos expertos estiman que una actividad como ésta, talento a distancia como asistente virtual, crecerá a 4000 millones de dólares en los próximos cinco años. Tan sólo en Estados Unidos, 60% de los emprendedores independientes coincide en que un asistente virtual es altamente rentable para su negocio; les ofrece la comodidad de adquirir un talento por un tiempo o por proyecto determinado, sin comprometer el presupuesto del negocio. Esto se traduce en un equilibrio entre el crecimiento de la empresa y la administración de costos de operación.

La principal forma que tienen las empresas de adquirir este tipo de servicios hoy es a través de plataformas de subcontratación como Freelancer, lo cual está bien pero no siempre garantiza una buena contratación, es decir, no asegura que el cliente esté contratando personal profesional que le pueda resolver sus problemas. Y aquí está la clave de esta idea.

Hoy por hoy existen muy pocas empresas en México y Latinoamérica que han profesionalizado servicios de contratación de asistente virtuales y hay tanta demanda que ésta sería una gran oportunidad de negocio.

El modelo es muy simple: se cobra una tarifa por proyecto o por un lapso, y como valor agregado se puede ofrecer a la empresa diferentes herramientas que le enseñen a administrar mejor el tiempo y a priorizar las actividades de quien contratan. Sin más: es una gran idea y estoy seguro de que las empresas la recibirían muy bien, porque les liberaría tiempo para hacer otras cosas, sin tener que invertir en toda la estructura que hoy se necesita para contratar a alguien.

CREA UN NEGOCIO *B2C* (SÍ, OTRO)
Negocios *B2C*
Porque ¿para qué pagar intermediarios si puedes venderle directamente al consumidor?

Idea: crear negocios directo al consumidor.
Mercado: *D2C.*
Addressable market: empresas y emprendedores que desean obtener más ganancias por sus productos o servicios.
Readiness: alto.
Inversión: baja.

Ciertamente, no se trata de un concepto novedoso. Las ventas directas al consumidor tienen muchos años y en algunos casos son muy exitosas; un ejemplo de ello son las ventas por catálogo. No obstante, el modelo ha cobrado más relevancia desde que la generación *millennial* comenzó a impulsar la economía. Las preferencias han cambiado y hoy en día se buscan experiencias de compra mucho más eficientes, cómodas y con una sensación de autenticidad.

Hoy en día, más de la mitad de los compradores prefieren comprar los productos directamente a los fabricantes o productores que a minoristas. Es por eso que muchas empresas *B2B* están integrando modelos *B2C* en sus estrategias de ventas, porque, a fin de cuentas, un comerciante que vende directamente a los consumidores obtiene una enorme ventaja competitiva.

Lo que resulta curioso, sin embargo, es que, entre los emprendedores de Latinoamérica, a diferencia de Estados Unidos y Europa, este modelo de negocios aún no resuena tanto. De verdad, me resulta impresionante la cantidad de gente que imagina negocios a través de canales de distribución como intermediarios. Tienen una idea muy chingona y forzosamente se la quieren vender a un supermercado o a una tienda para que sea ésta la que se los distribuya. ¿Por qué?

Para mí, un negocio que de entrada piensa en esos términos para penetrar en el mercado está destinado a un fracaso rotundo, porque, finalmente, el canal de distribución se come el flujo de efectivo y es el que termina quedándose con los clientes. Además, tardan en pagar, en algunos casos hasta noventa días.

Por otro lado, en los modelos *B2C* estándar, los intermediarios suelen vender productos de varios fabricantes. Esto provoca que los clientes tengan muchas opciones de donde elegir, lo que significa que tú, como fabricante, no tienes ningún control sobre la venta de tu producto, pues al final el consumidor puede elegir el de un competidor.

Por tanto, un negocio *D2C* es aquel que manda a volar los canales de distribución tradicionales y decide ir directo al consumidor. Y esto ha sido posible gracias al comercio electrónico. Mi pregunta es: ¿por qué aquí, en México, aún no se consolida este modelo de negocios? ¿Será que todavía no tenemos el ecosistema emprendedor para empujarlo? Oportunidad existe. Y para muestra, sólo hay que considerar los diferentes casos de éxito. Uno de ellos, que me parece impresionante por innovador, es el de Casper, una compañía que se dedica a vender colchones en línea. Por supuesto, hay mucho desarrollo tecnológico detrás para meter un colchón de espuma dentro de una caja y que luego se infle, pero aquí lo interesante es la forma de innovar en el mercado. ¿Quién habría pensado que se podían vender colchones por *e-commerce*?

Éste y muchos otros casos de éxito nos demuestran que este modelo de negocios tiene un gran potencial. Tan sólo en Estados Unidos las ventas directas al consumidor aumentaron de 6 850 millones de dólares en 2017 a 17 750 millones en 2020.

VUÉLVETE UN HACEDOR DE EXPERIENCIAS
Mercado de ultralujo
Porque siempre hay algo para regalarle al que lo tiene todo

Idea: crear experiencias de ultralujo.
Mercado: *B2C*.
Addressable market: personas con alto nivel adquisitivo interesadas en el sector de lujo.
Readiness: alto.
Inversión: alta.

La industria especializada en marcas de ultralujo se enfoca en un segmento bastante selecto: personas con alto poder adquisitivo que, generalmente, buscan productos y servicios de marcas exclusivas. Quienes conforman este sector prefieren este tipo de productos porque confían en su calidad superior, buen servicio, artesanía única, longevidad y, por supuesto, exclusividad.

Los emprendedores de Latinoamérica muestran muy poco interés en este segmento y mi teoría es que es porque tienen complejo de inferioridad. Pero, si logras sacudirte eso o ése no es tu caso, creo que podrías explorar oportunidades en ese mercado. Ciertamente, se trata de un nicho muy complicado y hay que buscar productos y servicios de muy buena calidad, que puedan aumentar su valor con el tiempo. Tienes que preguntarte todo el tiempo: ¿qué quisiera tener alguien que lo tiene todo? Y la respuesta, a juzgar por las estadísticas, pareciera ser: nada material, sino experiencias.

En el futuro inmediato, el segmento de ultralujo que se vislumbra con la tasa de crecimiento más alta es ése, el de las experiencias. Está por encima del de los productos de marca. Aunque este crecimiento fue interrumpido por la pandemia por obvias razones, en los últimos meses ha vuelto a recuperarse y su *come back* no será silencioso. Si esto te interesa y está a tu alcance, puedes buscar experiencias de ultralujo en los destinos turísticos de Latinoamérica.

INVIERTE EN LITIO
Baterías, piezas electrónicas y de automóvil
Porque esto apenas empieza

Idea: invertir en el mercado de litio.
Mercado: *B2B.*
Addressable market: sector automotor y electrónico.
Readiness: alto.
Inversión: alta.

En los últimos años, el litio se ha vuelto uno de los recursos más codiciados a nivel mundial. Ciertamente, este mercado ya venía creciendo desde hace algunas décadas, ya que es uno de los componentes esenciales para la fabricación de baterías para teléfonos celulares, laptops y todo tipo de aparatos electrónicos. Sin embargo, vino a cobrar aún más relevancia con la producción de autos eléctricos.

En comparación con alternativas como el níquel-cadmio, las baterías a base de litio almacenan más energía por unidad de peso, lo que las ha convertido en el estándar para la fabricación de vehículos eléctricos.

Para mí, se trata de un sector prioritario. Considero que toda la cadena de suministro automotriz debería estar preparándose, porque es un mercado que va a explotar y estamos dejándolo pasar. Concretamente, en México, no existe hoy en día un solo proyecto que esté enfocado en la producción de baterías de litio. Lo que es muy extraño y preocupante, al ser el sector automotor uno de los más fuertes en el país. Fácilmente, se podría armar un grupo de inversión entre todo el clúster automotor, y ponerse a trabajar.

El mercado está ahí, pero también los recursos, la materia prima. Sonora, por ejemplo, tiene el yacimiento de litio más grande del mundo. Se encuentra cerca de un pueblo llamado Bacadéhuachi, en la Sierra Madre Occidental, y cuenta con reservas de doscientos cuarenta y tres millones de toneladas. Esto es más de cuarenta veces la cantidad de litio que se consumió durante el año pasado en todo el mundo. Pero ¿qué ocurre? ¡Que nadie lo está aprovechando!

Y eso que es un mercado que da para gran versatilidad de negocios. Puedes enfocarte en la obtención y comercialización de la materia prima, o directamente en la fabricación de productos que la utilicen. Curiosamente, ambos mercados son oligopólicos. En términos de producción y materia prima, 73% de la producción global se concentra en cuatro compañías, de las cuales, una de ellas ya está operando en México. Por su parte, en el sector de producción de baterías sucede algo semejante. Un puñado de compañías son las que controlan el 70% del mercado. En pocas palabras, es un mercado muy cerrado, al que sólo pueden acceder jugadores grandes, porque la barrera de inversión es brutal.

México, junto con otros países latinoamericanos como Argentina, Bolivia y Chile, puede posicionarse como un jugador relevante en este mercado, pero aún el futuro es un tanto incierto. Con excepción de una empresa chilena, no existen todavía compañías latinoamericanas que estén participando activamente; al menos, no al nivel de este puñado de empresas que dominan el mercado.

Pero ojo, que, si lo analizamos con detenimiento, encontraremos que el mercado de vehículos eléctricos aún está en pañales y los expertos estiman que no va a consolidarse antes de 2025. Esto significa que la demanda de litio va a multiplicarse cuando la producción de vehículos eléctricos aumente y ni un solo minuto antes. Esto ha provocado que exista, actualmente, un desajuste entre la oferta y la demanda; es decir, hay más litio del que se requiere. Y es algo que a mí me llama mucho la atención; cuando ves una disparidad entre la demanda y la oferta de este tipo, hay que comenzar a pensar en soluciones alternas, en negocios alternos. Es decir, ¿por qué nadie está rescatando litio? ¿Por qué nadie está concentrándose en el reciclaje de materias como litio, zinc o níquel? Yo creo que éste debería ser uno de los retos de la industria de baterías de litio y, por supuesto, uno en el que deberían estar invirtiendo. Así que, si no cuentas con la materia prima porque las barreras de entrada son muy grandes, o porque es un recurso escaso, o por la razón que quieras, entonces hay que buscar puntos de acceso alternos. En ese sentido, el reciclaje de litio se presenta como una gran oportunidad para el emprendedor latinoamericano. Hay que ponerse las pilas, literalmente. Al fin y al cabo, la oportunidad de negocio que resulta más costosa es aquella que se pierde.

INVIERTE EN PERSONAS, LITERALMENTE
Tasación de tókenes humanos
Porque la influencia social también es un activo

> **Idea:** aprovechar plataformas como BitClout y Human IPO para hacer negocios e inversiones.
> **Mercado:** *B2B*.
> **Addressable market:** empresas, personalidades y seguidores de personalidades.
> **Readiness:** alto.
> **Inversión:** baja.

Hoy en día, existen plataformas como BitClout, que permiten a sus usuarios especular sobre la influencia social de una persona en específico: por ejemplo, la popularidad del presidente de México, de Elon Musk o de Rihanna. Crean una criptomoneda con su nombre, la cual aumenta de valor conforme va aumentando la reputación y aceptación social de la personalidad en cuestión. El nivel de popularidad se mide con base en el número de seguidores que tenga. Es decir, si alguien creó la criptomoneda «Donald Trump» y a ese personaje se le ocurre tuitear algo desafortunado y por ello pierde seguidores, entonces el activo pierde también su valor.

Además de los criptoactivos únicos, la plataforma cuenta con su propia criptomoneda, de nombre BitClout (BTDX), que es, básicamente, la que se utiliza para comprar criptomonedas de personalidades. En pocas palabras, lo que hace BitClout es funcionar como un mercado de valores en el que los usuarios no invierten en empresas sino en la reputación de las personas.

Otra plataforma semejante es Human IPO, cuyo eslogan dice lo siguiente: «Convierte a tus seguidores en tus accionistas». Lo que se cotiza son las horas de una persona. Es decir, la plataforma permite a los usuarios vender, al precio que ellos elijan, hasta 500 horas de su tiempo. Cada una de esas horas equivale a una acción, la cual puede aumentar su valor con el tiempo. De este modo, los demás usuarios pueden invertir en esas horas, considerando que valdrán más en el futuro. Los propietarios de las acciones pueden redimir ese tiempo, por ejemplo, con una reunión individual. Al final, el valor de una persona sube y baja dependiendo de las condiciones del mercado.

En suma, se trata de un concepto muy interesante, porque es una de las primeras herramientas que tenemos para intercambiar la influencia social y el tiempo de las personas como activos. Son conceptos novedosos, y por lo mismo aún imprecisos. Actualmente, BitClout anda rondando los 0.002515 dólares americanos, y lo que puede llegar a ser preocupante es que aún no tiene salida al mercado. Es decir, dentro de la plataforma, puedes realizar todo tipo de transacciones con esta criptomoneda, pero no puedes sacar tu dinero ni hacer intercambios, ni nada. El dinero que entra a la plataforma ahí se queda. Con todo y eso, creo que puede ser una oportunidad de negocio interesante.

COMPRA MARCAS Y HAZLAS CRECER
Agregadoras
Porque sumando se suma

> **Idea:** adquirir marcas de *e-commerce* y escalar sus ingresos.
> **Sector:** servicios.
> **Addressable market:** pequeñas y medianas empresas con potencial,
> que ya tengan *e-commerce* o quieran migrar a ese ámbito.
> **Readiness:** alto.
> **Inversión:** alta.

La principal diferencia entre un negocio netamente local y uno tipo *e-commerce* es la visión de empresario. Los primeros negocios muchas veces no escalan porque no tienen ni idea de cómo hacerlo o, si lo saben, creen que esa escalada no es para ellos. Son negocios que se concentran en lo que ya hacen, porque eso les basta para vivir y lo único que hacen es ir modernizándose conforme la tecnología va avanzando o el mercado se los va exigiendo. Pero no van más allá. No le entran al comercio electrónico, ni al análisis de datos, ni al marketing digital, ni a las redes sociales. Por el contrario, los segundos negocios son aquellos que entienden el impacto que pueden tener estas herramientas para impulsar su producto o servicio y se atreven a dar el paso.

Y aquí es donde entran en el juego las empresas agregadoras, las cuales se encargan de adquirir marcas para escalarlas y aumentar sus ingresos. Por lo general, las agregadoras buscan marcas exitosas, con productos altamente demandados, aunque también pueden considerar negocios que aún sean pequeños y tengan gran potencial. Al final, lo que les interesa es crear asociaciones innovadoras e incubar diferentes marcas, para así tener una cartera de negocios de comercio electrónico bastante diversa.

Veo en esto una gran oportunidad de negocio porque, si alcanzas un volumen de negocio mínimo y atractivo, podrás tener una enorme rentabilidad a corto plazo y un amplio margen de crecimiento; ambos aspectos fundamentales para el *e-commerce*.

Ahora bien, ya que tienes la agregadora debes saber que no todas las empresas te serán interesantes ni viables como adquisiciones puntuales. Entre las características que deberás revisar están las siguientes:

- Volumen de facturación elevado, de preferencia que supere los 500 000 dólares.
- Rentabilidad de entre 18 y 20%, una vez pagados todos los *fees* del *marketplace*, así como la inversión en producto, marketing, etcétera.
- Que sean vendedores, no distribuidores.
- Que tengan una buena reputación en la plataforma y no cuenten con un alto nivel de devoluciones.
- Antigüedad.

Como casos de éxito de este negocio tienes a Yaba, que tuvo su origen en Barcelona y es de las pocas *startups* españolas que le han entrado a este modelo de negocio; a Thrasio, una agregadora de marca con sede en Boston, y a Merama, una empresa mexicana, actualmente valuada en 1 200 millones de dólares. Esta última se dedica a comprar las acciones de empresas de distintas categorías que vendan en línea y facturen más de dos millones de dólares al año, con el fin de mejorar su desempeño. Ven la mejor forma de optimizar costos, de lanzar nuevos productos, de expandirse y otras estrategias. Lo que más me sorprende de esta propuesta es que le están apostando al mercado mexicano como el siguiente sector de crecimiento. Creo que ésta es una excelente oportunidad para que explores, en especial si consideras que en México aún es un mercado prácticamente desconocido y que en este país aún no es tan caro adquirir empresas, como sí lo es, por ejemplo, en Estados Unidos.

REINVENTA LA CASA DE EMPEÑO
Préstamos
Porque el negocio de prestar plata no pasa de moda

Idea: tomar el concepto de la casa de empeño de toda la vida y modernizarla utilizando la tecnología y los medios digitales.
Mercado: *B2B*.
Addressable market: pequeñas y medianas empresas con mucho potencial y que quieren migrar al *e-commerce*.
Readiness: alto.
Inversión: alta.

El modelo de negocios de la casa de empeños puede sonarle aburrido a algunos, pero se trata de una idea de negocio con mucha utilidad, el cual podría replantearse teniendo en cuenta la nueva realidad. El negocio tradicional consiste en ofrecer préstamos a corto plazo, que usualmente son usados por los clientes para hacer frente a sus emergencias financieras, en especial durante los meses más difíciles del año, que son diciembre y enero, temporadas en las que la gente hace muchos gastos y requiere dinero de manera inmediata.

El préstamo se hace con base en el precio de un artículo de valor, el cual servirá como garantía. Generalmente son electrodomésticos y joyas, pero pueden ser instrumentos musicales, teléfonos celulares e incluso vehículos. El prestamista no ofrece lo que vale el artículo, sino únicamente un porcentaje, que en ocasiones parece insignificante; actualmente las tasas de interés andan rondando el 23 por ciento. El costo financiero obedece a dos cosas: la primera, que el préstamo de las casas de empeño se considera de alto riesgo, pues existe una gran posibilidad de que el cliente no termine de pagar el préstamo. Y la segunda, que los objetos que se dejan en prenda no siempre están en las mejores condiciones o son difíciles de vender.

Con todo y eso, es un negocio bastante rentable, pues a fin de cuentas, a lo que le tira la casa de empeño es a que sus clientes no paguen, y así pueda vender el producto por otra parte a precio completo.

A simple vista parece un negocio aburrido y viejo, pero mi invitación es a que uses tu imaginación y la tecnología para hacerlo aún más interesante. Ya hay algunos emprendimientos que andan buscando la forma de migrar el modelo de las casas de empeño al internet e integrarlo con otras herramientas como el *e-commerce* o mediante el uso de aplicaciones. Sin embargo, hasta ahora no ha habido un caso de éxito muy consolidado y ahí es exactamente donde creo que está la oportunidad.

PÉGATE AL NEGOCIO DE OTRO
Franquicias
Porque no todos tenemos que inventar la rueda

Idea: adquirir una franquicia de un producto que funcione.
Mercado: *B2C*.
Addressable market: el que proponga la empresa franquiciante.
Readiness: alto.
Inversión: alta.

El modelo de franquicias es muy popular y no pretendo sorprenderte con esta idea. Lo que sí quiero es recordarte que las ganancias de este tipo de negocio son impresionantes y que puede ser una oportunidad muy redituable, si sabes cómo jugarla.

Nada más para abrir paladar te presento algunas cifras: a 2020 hay un estimado de 753 770 establecimientos de franquicias, tan sólo en Estados Unidos. De éstas, la franquicia más cara es Wendy's, que cuesta poco más de 5 millones de dólares; le siguen otras como Jack in the Box, Taco Bell, Church's Chicken y Burger King, todas en 1.5 millones de dólares. Después encontramos a Sonic Drive-In, Carl's Jr., Arby's, Popeyes Louisiana Kitchen, con un millón de dólares cada una. Sigue Pizza Hut, a 750 000 dólares, al igual que McDonald's. Dunkin' Donuts está en 250 000 dólares y por último tenemos a Subway, que cuesta 80 000 dólares. Por supuesto hay algunas franquicias mucho más baratas, por ejemplo Chick-fil-A, que vale poco menos de 10 000 dólares, porque, prácticamente, ellos lo ponen todo.

Ahora bien, en cuanto a regalías, esta última franquicia viene cobrando 15%, posicionándose como la más elevada de todas las mencionadas. Wendy's, que es la franquicia más cara, cobra únicamente 4 por ciento. Por su parte, Sonic Drive-In, Jack in the Box, Popeyes Louisiana Kitchen, piden 5%, mientras que Pizza Hut 6 por ciento. Little Caesars y Subway 8 por ciento. Así de rentable puede ser este negocio.

Otra cosa que resulta muy interesante es el tema del financiamiento. En Estados Unidos, los bancos pueden prestarte hasta 75%, bajo la modalidad de Small Business, y esto es, en términos prácticos, lo que permite que este modelo de franquicias sea tan exitoso.

Hace unos años, tuve oportunidad de hablar con uno de los ejecutivos responsables del control de marca de Starbucks, y me comentó que tienen más de tres mil puntos de experiencia de cliente. En cada uno de ellos cuidan cada detalle de la marca: desde el nombre de las bebidas hasta el tapete que ponen a la entrada, las servilletas, el palito de madera que funciona como agitador, etcétera. Esos elementos forman parte de la experiencia Starbucks, la cual todos los consumidores tenemos bien instalada en nuestra cabeza.

Al parecer en México aún no vemos del todo el valor de este modelo de negocio. Tenemos algunas franquicias, pero hace falta un empujón para reventar el mercado. Por ahí hay algunas, como Cielito Querido, que tiene ese nivel, aunque todavía le falta para llegar a algo como Starbucks. ¿Que cuánto dejaría una franquicia en México al mes, aproximadamente? Haciendo cálculos, si tú pones un negocio que venda un millón de pesos mensuales, aunque no seas un genio, creo que puedes recuperar tu inversión en poco más de un año.

Para mí el reto de la franquicia es lograr tus objetivos de marca a través de alguien más, es decir, sin tener control absoluto, pues a fin de cuentas uno nunca sabe si la va a reventar o se va a venir abajo. La clave está en que la percepción de la marca sea suficiente para que se venda sola, sin importar quién esté en el timón.

Personalmente creo que si la marca tiene nombre y un buen soporte financiero, vale la pena intentarlo.

Si esta idea te suena, mi sugerencia es que busques una marca redonda. Es decir, una marca que:

a) tenga magia, o sea, que ya esté instalada en el imaginario de las personas y se asocie a emociones positivas,

b) tenga un excelente concepto detrás de su nombre, más basado en la marca que en el mismo producto,

c) venda un bien escaso y demandado,

d) sea filantrópica y tenga algún tipo de activismo asociado,

e) se renueve y se adapte constantemente para mantenerse vigente.

Si logras encontrar una marca que tenga esos elementos, ganaste. Quiere decir que tienes un negocio versátil y una excelente oportunidad en tus manos.

VE LO QUE NADIE VE
Venture capital
Porque ayudar a otros a crecer también paga

> **Idea:** invertir en proyectos emergentes con potencial.
> **Mercado:** *B2B*.
> **Addressable market:** empresas que han llegado a cierto nivel de crecimiento y requieren invertir en nuevas ideas para avanzar más.
> **Readiness:** alto.
> **Inversión:** alta.

Muchas veces, para las empresas resulta un tanto difícil encontrar ideas con dinamismo. Una vez que llegaron a un cierto nivel, su crecimiento se vuelve cada vez más complicado, y reinvertir de repente ya parece no tener mucho sentido. Entonces hay que buscar otras alternativas, maneras novedosas de crecer. Una de las soluciones más interesantes que me he encontrado para esta situación es lo que está haciendo actualmente la National Football League (NFL) con su brazo de *venture capital*.

Pocas personas saben que la NFL tiene un brazo de inversión estratégica. Su nombre es 32 Equity y, como su nombre lo indica, es propiedad de los 32 clubes miembros de la NFL. Fue lanzada en abril de 2013 y desde entonces viene enfocándose en empresas que puedan ayudar a hacer crecer el futbol y la liga, así como crear contenido. A pesar de su bajo perfil, el fondo ha obtenido ganancias de inversión muy jugosas en pocos años de operación, proporcionándoles a los propietarios un fuerte retorno de la inversión.

El proyecto inició cuando la NFL se asoció con Providence Equity, una firma de *venture capital*, para crear este brazo de inversión. Lo iniciaron con 32 millones de dólares, es decir, cada uno de los equipos de la liga aportó un millón de dólares y, a partir de ahí, empezaron a invertir en empresas relacionadas con el deporte. En 2019, cuando se les acabó el dinero y debido al retorno de capital que habían logrado, decidieron hacer otra ronda, esta vez con 2 000 064 de dólares.

Ahora bien, como se trata de una empresa privada es muy difícil encontrar en dónde han inyectado dinero. Hasta el momento, sólo he podido encontrar un caso, que es de 2017: una compañía de Frisco, Texas, denominada Blue Star Sports, que se dedica a crear contenido educativo para atletas, entrenadores y padres. Al parecer, esta compañía usó el dinero de 32 Equity para desarrollar una red social para atletas, en la que éstos pueden subir sus perfiles y así es más fácil que los buscadores de talento los descubran. Estamos hablando de una red social con más de cuarenta y cinco millones de usuarios en treinta y dos países.

En lo personal, esto que está haciendo la NFL me parece un caso de estudio muy interesante, pues estamos hablando de la liga deportiva que genera más ingresos en el mundo, después de la Fórmula 1, y que no conforme con esto, aún anda buscando fondear empresas, apalancarse y demás. Lo que hacen ellos es una gran idea que, creo, se puede extrapolar a cualquier compañía que esté llegando a la curva de crecimiento que mencioné al inicio. Sobre todo si eres una empresa así de grande y te puedes dar el lujo de apostarle a ideas nuevas y asumir el riesgo para llevarlas a cabo. Considéralo, puede ser un gran semillero.

MÉTELE EL 4X4
Vehículos todoterreno
Porque amamos nuestro vehículo

> **Idea:** comercializar accesorios de vehículos todoterreno o servir de consultor de uso de los mismos.
> **Mercado:** *B2C.*
> **Addressable market:** dueños de vehículos todoterreno.
> **Readiness:** alto.
> **Inversión:** media/baja.

El mercado de vehículos todoterreno ha venido creciendo en México en los últimos años. Cada vez más son demandados para actividades deportivas, recreativas e industriales, y en gran medida para realizar operaciones en vías públicas y superficies irregulares.

Una de las marcas líderes en este mercado, sin duda alguna, es Jeep, pero cada vez hay más competidores: Suzuki y

Toyota, para nombrar algunos. Quienes tenemos Jeep y alguna vez se nos ha averiado, sabemos de lo mucho que tardan en llegar algunas piezas y accesorios para reponerlos. Por lo tanto, una excelente oportunidad de negocio es entrarle al mercado de los vehículos todoterreno comercializando piezas y accesorios que no necesariamente tienen que ser de una marca específica, sino que pueden adaptarse a diferentes marcas. El mercado es enorme y actualmente hay una gran comunidad de usuarios, lo que también favorece la venta digital.

Otro punto a destacar es que varios actores del mercado están desarrollando vehículos todoterreno eléctricos para reducir la huella de carbono y ganar eficiencia operativa. Se trata de un sector que va a tomar mucha fuerza en los siguientes diez años, y si ves cómo entrarle a eso, te auguro mucho éxito.

Otra oportunidad que veo interesante es la de los servicios de guía e información de rutas. Puede ser de fácil acceso para alguien sin capital, ya que ni siquiera debes tener el vehículo. Puedes colocarte en el punto de entrada de la ruta *off-road*, y ofrecer tus servicios como guía o vender mapas detallados de la ruta; en pocas palabras, ser un consultor *off-road*. Me refiero a que puedes enseñarle a la gente que acude a una ruta determinada no sólo cómo recorrerla, sino cómo sacar el máximo provecho de su vehículo todoterreno, pues muchos de ellos no saben explotar al máximo el potencial de éste. La labor de un consultor puede ser de gran ayuda en ese sentido. Además porque eso aumenta la mística de poseer un vehículo de este tipo y ya sabemos que a todo el mundo le gusta eso. Sea cual sea el modo, cualquier negocio asociado a los vehículos todoterreno puede ser una muy buena oportunidad.

PIÉRDELE EL YUYU AL NEGOCIO DE LA MUERTE
Funerarias y servicios funerarios
Porque alguien tiene que hacer el trabajo sucio

Idea: desarrollar una app para planear servicios funerarios.
Mercado: *B2B, B2C.*
Addressable market: público en general, funerarias, centros de salud, agencias de seguros.
Readiness: alto.
Inversión: baja.

Uno de los primeros proyectos en los que participé como consultor y que recuerdo perfectamente fue el de la planeación de una funeraria y un parque funerario. Lo que descubrí es que es un sector al que se le tiene muchas reservas, incluso miedo, diría yo. Quizá por todo lo que conlleva la muerte. Hablar de muerte y tecnología, o de ganar dinero a costa de la muerte, muchas veces suena como algo ruin y desalmado. Pero no lo es. Es un negocio y alguien tiene que hacerlo. Y como todo negocio, también tiene que encontrar formas de crecer y evolucionar. Así que vamos a ello.

Hay mucha gente que no cuenta con dinero para pagar los servicios funerarios de sus seres queridos, cosa que se hizo evidente durante la pandemia, que ocasionó muchas muertes repentinas y en muchas ocasiones de dos o más miembros de una misma familia. ¿Cómo ayudar a la gente a costear un gasto así y aumentar nuestros ingresos en el proceso? En la respuesta a esa pregunta creo que hay una gran oportunidad de negocio.

Si te interesa, podrías desarrollar una aplicación en donde las personas puedan planear su funeral, de modo que no le dejen esa carga a su familia, así se aligera la situación para los seres queridos, no sólo en términos burocráticos, sino económicos. Mediante la aplicación, los usuarios podrían ir comprando con anticipación ciertos servicios, de manera que, el día que los requieran, ya todo esté organizado: servicios de velación, entierro o incineración, etcétera. La aplicación puede indicarle al usuario las mejores alternativas para hacer rendir al máximo su dinero, siempre con base en su presupuesto. Puede ofrecer, también, la opción de contratar un seguro o vincularlo con agencias de seguro, de manera que, si la muerte es imprevista, los gastos estén cubiertos.

Creo que es una buena oportunidad de negocio porque el sector funerario no ha sabido cómo implementar la tecnología adecuadamente para dar el siguiente paso. De hecho, diría que es uno de los mercados más atrasados en términos de adopción tecnológica. De modo que aquí hay un espacio de oportunidad interesante de negocio. Una que, de paso, puede ayudar a la gente sobre todo en tiempos de crisis y en momentos difíciles como la muerte de un ser querido. Además, como dice el dicho, si tú no lo haces, alguien más lo hará.

INVIERTE EN GRANDE EN EMPRESAS CHICAS
Inversiones privadas
Porque los perfumes caros vienen en empaques pequeños

Idea: invertir en empresas pequeñas.
Mercado: *B2C.*
Addressable market: empresas emergentes, pequeñas y medianas empresas, incubadoras.
Readiness: alto.
Inversión: baja.

Si lo que estás buscando es un negocio en el cual invertir, te tengo una buena noticia: en México hay muchas empresas pequeñas que son excelentes opciones para hacerlo.

Para que nos entendamos, una empresa de 50 millones de pesos se considera una empresa chica. Pero aquí lo importante no es el tamaño de la empresa, sino las dimensiones del mercado en el que está; porque puede ser una empresa de 50 millones de pesos, en un mercado de 100 millones de pesos, en donde hacerla crecer va a ser muy difícil. Por el contrario, si tienes una empresa que vende 50 millones de pesos y el mercado es 10 millones de dólares, pues hay mucho espacio para crecer.

Ahora bien, si estamos hablando de una empresa de 50 millones de facturación anual, la pregunta es cuánto tendrías tú que meterle a esa empresa como inversionista. Para saberlo hay que hacer una muy buena evaluación; normalmente esas empresas no se valúan tan alto; además, muchas de ellas están buscando talento o requieren el *know how*. Por lo tanto, también se puede entrar a participar como un socio operador; es decir, invertir y meterse a trabajar.

Otro factor que debes tener en cuenta a la hora de elegir dónde invertir es que, contrario a lo que se piensa, una empresa no se compra para venderse. Es un error bastante común en el sector de capital de riesgo y quiero evitar que tú también lo cometas. Un buen inversionista lo que busca es hacer rendir su dinero. Compra para mantener aquello que le genera ingresos y le permite multiplicarlos en el mediano y largo plazo. Eso es lo que tú deberías pensar.

Para encontrar la mejor opción puedes acudir a un equipo de analistas que estén tocando puertas o escuchar recomendaciones y establecer contacto con gente que esté conectada con las oportunidades de mercado. Personalmente, esto último es lo que prefiero. Independientemente de lo que elijas, ten en cuenta que un gran negocio es aquel que no requiere de mucho capital y, por lo tanto, también tiene poco riesgo. No importa si el mercado es pequeño; mientras una idea tenga potencial de crecer y buenas oportunidades de expansión, ya estás del otro lado.

TUNEA TU COCHE
Automóviles
Porque un auto es mucho más que un auto

Idea: vender automóviles o tunearlos.
Mercado: *B2C.*
Addressable market: compra y venta de autos usados.
Readiness: alto.
Inversión: baja.

Te lo suelto sin más: vender coches es una excelente idea de negocios. Siempre he dicho que si quieres empezar a abrirte espacio en el sector del automóvil, lo mejor es empezar por venderlos. Es un negocio seguro si sabes hacerlo y tienes habilidades. ¿Por qué? Te van a pagar desde el principio, te llevas una comisión y vas a adquirir muchísima experiencia que te servirá en el futuro si te interesa crecer en el mercado. Vas a aprender cómo funciona todo al nivel más básico, las preferencias de los clientes, los coches que se venden mejor en una temporada determinada, etcétera. Todo esto te da una idea muy clara sobre cómo está estructurado el cliente de los coches y, por ende, el negocio.

Para ganar en cualquier agencia, si tienes tantita capacidad de venta, vas a sacar en promedio entre 30 a 90% sobre tu inventario total al año. Es muy fácil, lo único que tienes que hacer es poner una puerta que diga «Aquí te compro tu coche en efectivo» y la gente solita va a entrar. Muchas veces es gente desesperada que necesita el dinero. Y ahí está la clave: comprar de oportunidad, a gente que realmente necesita la lana. Porque de lo contrario, si compras a precio de mercado y luego lo tratas de vender, los márgenes no te van a dar.

Uno de los casos de éxito más recientes en México es Kavak, un verdadero unicornio. Lo que hizo fue agarrar una idea y ejecutarla muy bien.

En México —y toda Latinoamérica, en general— estamos muy atrasados en lo que a venta de autos seminuevos se refiere. En línea hay muy pocas páginas de venta, creo que ni a diez llegan. Y si te metes en ellas, encuentras que las fotos —cuando hay— están mal tomadas, las descripciones son bastante deficientes y los anuncios no están actualizados. Ahí hay oportunidad. Se necesita a alguien que le entre con pasión, que arme un buen negocio, con una página eficiente, buenas fotos, descripciones detalladas, porque todo eso convence al comprador y es determinante al tomar una decisión de adquisición.

Si esto no te suena del todo, pero sí quieres probar algo con coches, puedes entrarle al tuneo de coches. Ahí también hay un buen negocio. Cada vez son más quienes deciden personalizar su auto de tal forma que se distinga del resto. En el caso de los autos usados, uno los puede rediseñar y ponerles partes nuevas y darles una nueva vida. Actualmente, el interés que hay en el mercado en la personalización de las cosas está creciendo; de verdad que es impresionante lo que la gente invierte porque realmente quiere una pieza única, que se distinga de las demás. El sector automotor no es la excepción. Por lo tanto, en el tuneo también hay un buen negocio, pero si te vas a meter por ahí, es mejor que te vuelvas un experto, porque la mala fama te puede dejar en la calle.

Sea que decidas una cosa u otra, quiero que te quede claro que meterte en este sector es una buena idea de negocio.

INVENTA LA GUARDERÍA DEL FUTURO
Educación infantil
Porque no hay buena cosecha sin buena siembra

> **Idea:** crear guarderías de buena calidad.
> **Mercado:** *B2C*.
> **Addressable market:** padres de familia, familias con hijos con necesidades especiales.
> **Readiness:** alto.
> **Inversión:** alta.

Las guarderías de buena calidad desempeñan un papel fundamental en el desarrollo de los niños, por eso es importante elegir la más adecuada. Esto no siempre resulta tan sencillo, sobre todo cuando los niños tienen una necesidad educativa especial o una discapacidad. Y es que gran parte de las familias en México eligen la guardería por comodidad, priorizando la cercanía al hogar. La calidad de la atención pasa a un segundo plano, ya que, después de todo, es muy difícil encontrar una guardería que destaque por la calidad de sus servicios.

Porque no es un secreto que el estado del sistema educativo de este país es lamentable. De hecho, uno de sus principales problemas es que muchas de las personas que trabajan en el sector no necesariamente cuentan con el nivel y la capacitación que uno, como madre o padre, esperaría encontrar en un lugar educativo en el que atienden a nuestros hijos. Eso, para no hablar de las instalaciones y las herramientas tecnológicas, las cuales tienden a ser pobres.

La oportunidad de negocio que veo aquí es crear una guardería (y quizá a la larga una cadena de guarderías) de altísima calidad, las cuales cuenten con un personal capacitado, con instalaciones en las que dé gusto estar y con tecnología de punta. Estoy seguro de que esa oferta arrasaría en el mercado y sería extremadamente apetecible para un cierto sector de padres interesados en ofrecer a sus hijos la mejor educación desde temprana edad.

VUÉLVETE CONSULTOR DE *M&A* PARA PEQUEÑOS NEGOCIOS
Fusiones y adquisiciones
Porque como es en lo macro es en lo micro

> **Idea:** compra y venta de negocios.
> **Mercado:** *B2C.*
> **Addressable market:** empresarios y emprendedores interesados en fusiones y adquisiciones de pequeñas y medianas empresas con buenos activos, pero en busca de capital para seguir subsistiendo.
> **Readiness:** alto.
> **Inversión:** alta.

Todo empresario sabe que cada negocio es único y que el camino hacia el éxito para cada uno es diferente. Aun así, hay cosas que podemos encontrar en todos los buenos negocios: una de ellas es que son acuerdos que continúan generando valor durante mucho tiempo. Para identificar estos negocios resulta de gran importancia contar con asesores expertos que guíen a las empresas en su búsqueda. De ahí que, personalmente, encuentre una gran oportunidad de negocio en las consultorías de fusiones y adquisiciones (*mergers and acquisitions, M&A*).

Me refiero a esas empresas que ayudan a otras a administrar adquisiciones estratégicas o financieras, brindando orientación a través de una metodología comprobada, ejecución de transacciones y contactos en la industria. En pocas palabras, les ayudan a sus clientes a encontrar las mejores oportunidades en compra y venta de negocios. También les ayudan a hacer fusiones, es decir, a encontrar las mejores compañías para juntarse y crear una nueva entidad, y a identificar objetivos que les permitan aprovechar al máximo las oportunidades.

A pesar de que el sector de *advisory* constituye un gran mercado, actualmente existen muy pocas firmas que ofrezcan este servicio en México. Lo que hay está conformado, en gran medida, por asesores especializados, bancos de inversión y demás, dedicados al sector macro. Sin embargo, no existe algo semejante para el segmento micro, pues es un negocio que representa el mismo esfuerzo y una menor ganancia. Hasta ahora, permanece como un sector muy desatendido, pues nadie ha encontrado un modelo económico eficaz, pero ahí es exactamente donde yo veo la ventana de oportunidad. Y más ahora, tras la pandemia, que dejó muchos negocios buenos en una condición comprometida, en la que ya no pueden seguir solos debido a las condiciones financieras que dejó el confinamiento.

Éste es un momento excelente para que esos negocios se compren entre ellos o se fusionen, y para ello se requiere de un buen asesor que sepa adaptar a nivel micro el conocimiento del *M&A* que se aplica a nivel macro. Si sabes cómo, tú puedes ser ese asesor.

COMPRA BARATO Y VENDE CARO
Remates bancarios
Porque la tierra de nadie puede ser tuya

> **Idea:** comprar remates para venderlos y obtener ganancia.
> **Mercado:** *B2C.*
> **Addressable market:** empresas y personas interesadas en la compra de propiedades.
> **Readiness:** alto.
> **Inversión:** alta.

Los remates bancarios son propiedades que el banco adquiere cuando los dueños dejan de pagar su crédito. Para recuperar la deuda, el banco pone la propiedad a subasta. Personalmente, creo que comprar esos remates y luego venderlos es una forma ingeniosa, sencilla y, a la larga, segura de aumentar nuestro capital.

La idea de negocio sería comprar este tipo de activos para luego arreglarlos y dejarlos en condiciones atractivas con el fin de venderlos a buen valor de mercado. Eso sí, se requiere de paciencia, principalmente porque hay que lidiar con muchos trámites y cuestiones legales, como embargos, subastas y demás. Además, el retorno de la inversión no es algo inmediato. Puedes llegar a tardar hasta tres o cinco años en poder vender una casa que compres; en la mayoría de las ocasiones porque aún hay gente viviendo en la propiedad y resulta un tanto complicado sacarla de ahí.

El proceso suele tener muchas fases y cuantas más existan, más es el riesgo, pero si estás dispuesto a asumir que no vas a ganar dinero de inmediato y no te agobia la tramitología, ciertamente se trata de un negocio bastante seguro, pues estás poniendo tu dinero en el ladrillo, en una propiedad que irá aumentando su valor con el tiempo. Puedes llegar a triplicar tu inversión si sabes muy bien cómo elegir las propiedades, ya que los precios son realmente muy atractivos.

Eso sí, no existen las inversiones sin riesgo. Y uno de los puntos en contra es que muchas veces no puedes ver cómo se encuentran las propiedades en el interior. Es decir, estás comprando a ciegas, por lo que resulta prudente siempre destinar cierto colchón de dinero en caso de que necesites hacer remodelaciones y reparaciones. Como te digo, se trata de tener paciencia y saber que la inversión podrás recuperarla al cabo de unos años.

Éste es un tema que se pone de moda por temporadas y está a punto de comenzar una. Para que te des una idea, la cartera de créditos hipotecarios en México vale alrededor de 2 600 millones de pesos y la tasa de morosidad promedio, es como de 3 por ciento. No obstante, este año BBVA ha estimado que su cartera se vaya a 6%, lo que significa que habrá muchas propiedades en el mercado que entrarán a descuentos; las viviendas cuyo crédito no pudo pagar la gente durante el tiempo de la pandemia. Esos inmuebles que quedaron sin pagar en los últimos años pronto empezarán a ser subastados. Ahí tienes una oportunidad buenísima para adquirir propiedades baratas con miras a ganarles luego. Estate atento.

MÁRCATE UN PASE-GOL
Consultoría para atletas
Porque el futbol y los negocios se juegan en equipo

> **Idea:** servir de agente y consultor para atletas de alto rendimiento.
> **Mercado:** *B2C.*
> **Addressable market:** futbolistas y atletas de alto rendimiento.
>   Agencias y representantes de deportistas. Cazadores de talento.
> **Readiness:** alto.
> **Inversión:** baja.

Hace algún tiempo conversé con Miguel el Piojo Herrera y me comentaba que, en México, no existía, como tal, un acompañamiento integral al futbolista. Se refería a que no hay algo así como un agente, pero mucho más completo, que no sólo se dedique a promover al futbolista, sino que le brinde asesoría financiera y le ayude a buscar las mejores ofertas y consolidar su patrimonio a lo largo de todos sus años de carrera.

De acuerdo con el Piojo y otros futbolistas más, ése es un tema que a nadie le importa. Cada jugador queda a su suerte y es un *sálvese quien pueda*. Teniendo en cuenta que la mayoría de los atletas de alto rendimiento son reclutados desde muy jóvenes y que muchos no terminan una carrera universitaria, cuando se retiran tienen poco conocimiento sobre otras cosas que no sea el deporte. Muchas veces tienen el dinero, pero no saben qué hacer con él, por ejemplo.

Consultoría para atletas de alto rendimiento: creo que ahí hay un negocio extraordinario. Puedes brindarles una asesoría financiera integral, que abarque distintos aspectos: contratos, inversiones, administración, y muchos otros temas que pueden ayudarles a hacer crecer su dinero, de modo que cuenten con un buen colchón para cuando se retiren y no lo derrochen todo, porque, a fin de cuentas, las piernas no les van a durar toda la vida.

Se puede combinar este aspecto del negocio con otros más complejos, como el tema de contratos o la cacería de talento. De hecho, hay una gran oportunidad actualmente para todos aquellos que quieran rentabilizar el desarrollo de talento, no sólo pensando en la primera transacción, sino acompañando al atleta a lo largo de toda su carrera deportiva, hasta que se retire. La idea sería ayudar al atleta a decidir cuáles son sus mejores opciones, por qué le conviene jugar en tal o cual club en lugar de aquel otro.

Es, sin duda, una oportunidad de negocios muy atractiva, y no sólo puede ir enfocada a futbolistas, sino a atletas de distintas disciplinas, que muchas veces no saben cómo cobrar o lo que realmente valen, ni cómo preparar su patrimonio para el futuro. Tú puedes ayudarles a ponerse en valor y, desde luego, cobrar una buena tajada por eso.

ENSEÑA, *TEACH, ENSEIGNEZ, LEHREN*, 教える
Aprendizaje de idiomas
Porque aprender otra lengua nunca sobra

Idea: desarrollo de aplicaciones y plataformas para aprender idiomas.
Mercado: *B2C.*
Addressable market: personas que quieren aprender otras lenguas de forma rápida y eficaz.
Readiness: alto.
Inversión: baja.

El modelo de aprendizaje de idiomas en línea está cambiando de forma vertiginosa. Esto es debido a factores como la globalización de la economía y el impacto de la pandemia, pero también a la adopción por parte de los usuarios de productos rentables basados en tecnología. Cada vez hay más personas dispuestas a aprender un nuevo idioma y las herramientas que lo permiten son cada vez más accesibles. Además, los métodos de aprendizaje se han vuelto mucho más eficaces y novedosos gracias a la implementación de inteligencia artificial.

Tomemos el caso de una aplicación llamada Toucan, la cual te permite aprender inglés mientras navegas en la red. Lo que hace esta aplicación es que te va agregando palabras en inglés en los textos de las páginas donde navegas, y va aumentando el número de palabras a medida que vas avanzando, de manera que al cabo de unos días ya no son sólo palabras sino frases, y luego párrafos. El aprendizaje se va dando gracias al contexto de tu idioma nativo, que permite comprender el significado de la palabra o frase gracias a la relación que guarda con el resto del texto. Es una forma novedosa y muy sencilla de ir aprendiendo vocabulario y un poco de gramática, y en muy pocos días se volvió una de las aplicaciones para aprender idiomas más descargadas.

Por otro lado, hay verdaderos titanes en este mercado, como es el caso de Duolingo, una plataforma que, al día de hoy, vale alrededor de 1.5 billones de dólares. En 2018, esta plataforma traía niveles de ingreso arriba de los 40 millones de dólares, y generó aproximadamente 30 millones de fondeo; Google es una de las últimas empresas que ha invertido en ésta.

Yo veo un gran espacio para el desarrollo de aplicaciones para aprender idiomas, las cuales pueden ir dirigidas a segmentos puntuales, como, por ejemplo, la población interesada en el tema de negocios. Además, se puede agregar valor mediante un servicio personalizado y eficiente; con precios accesibles y tecnología de punta que permita la portabilidad. Lo que es seguro es que tienes un mercado muy grande y creciente. Si posees la visión suficiente para saber qué parte de la torta cortar, te puedes llevar una buena tajada.

LLEVA EL SARAPE DE COAHUILA A LA CESTA DE AMAZON
Venta de productos artesanales en plataformas *online*
Porque lo hecho a mano también tiene su lugar en la web

Idea: comercializar artesanías y productos hechos a mano en plataformas de *e-commerce*.
Mercado: *B2C*.
Addressable market: público en general que compra en línea.
Readiness: alto.
Inversión: baja.

Hasta hace poco yo ni sabía que había una categoría de productos artesanales dentro de Amazon, pero desde que supe he ido entendiendo que no sólo existe, sino que es una línea comercial que está creciendo y a la que le está yendo muy bien. Esto es muy importante, sobre todo porque Amazon cobra una comisión mínima a los productores, a manera de apoyo, lo que termina siendo una estrategia bastante eficaz con un potencial enorme para quienes deseen comercializar sus artesanías o las de otros.

Sería interesante explorar hasta dónde se puede llevar esto: a qué nivel y en qué cantidades se pueden vender estos productos artesanales, hechos a mano, sin que se pierda la identidad del propio producto, es decir, sin caer en la producción en serie industrializada, sino conservando todo aquello que hace única a cada pieza.

Podría contactarse a quienes venden artesanías en sitios turísticos y proponerles comercializar sus productos en sitios como Amazon, donde pueden alcanzar un mayor volumen de ventas y más exposición. Es posible que funcione, aunque habría que hacer un análisis profundo, para ver si el *stock* es suficiente, por ejemplo.

De hacerlo, lo que sería importante es dejarle saber al comprador que no se trata de una producción en serie industrializada y que cada pieza es única; en otras palabras, que las artesanías guardan su esencia. Creo que en Europa y en Estados Unidos hay un gran mercado. Habría que explorarlo.

CAPITALIZA LO OBSOLETO
Percepción de valor de marcas
Porque el que te quiere de verdad te seguirá queriendo

> **Idea:** ayudar a las empresas de tecnología a generar percepción de valor en sus clientes.
> **Mercado:** *B2B*.
> **Addressable market:** empresas de todo tipo.
> **Readiness:** alto.
> **Inversión:** baja.

La obsolescencia programada abre cientos de oportunidades de negocio porque es muy común y se da en todas las industrias. Se trata de una política implementada por las grandes compañías para obligar a los consumidores a seguir comprando productos. ¿De qué manera? Diseñando artículos con una vida útil limitada artificialmente, es decir, programando desde su producción que el artículo deje de funcionar luego de un tiempo determinado. ¿Con qué objetivo? Generar un mayor volumen de ventas, obligando a las personas a comprar un reemplazo funcional para el producto una vez que termina su vida útil programada.

Desde luego, es un tema muy polémico desde el punto de vista ético, pues no está del todo claro que sea una práctica correcta. Cuando una empresa como Apple anuncia que sus ingresos en 2021 fueron de 365 000 millones de dólares, uno no puede dejar de pensar que todo ese dinero corresponde a productos que en unos cuantos años van a dejar de funcionar. Eso para no hablar del tema medioambiental, porque todo ese producto que se vuelve obsoleto va a terminar en un bote de basura. Estamos hablando, entonces, de cientos de miles de toneladas de aparatos electrónicos.

No sé si sea ético o no, pero es legal, y mientras esto no cambie, muchos seguiremos participando de este modelo. Porque, a fin de cuentas, no hay mucha alternativa: en el mundo de hoy no es muy útil no tener un teléfono móvil. Así que ya que eso no lo podemos cambiar, permíteme que te diga algo que me parece interesante: si algo tiene de bueno la obsolescencia programada es que obliga a las empresas a tener una mentalidad a largo plazo. Es decir, cuando Apple diseña el producto, ya está pensando en la portabilidad, en cómo hacer que el reemplazo de un dispositivo no se vuelva un factor negativo en sí mismo. Entonces invierten mucho dinero en el desarrollo de software estable y escalable, que pueda acompañar al usuario por años y que permita la migración de datos de manera eficiente. De este modo, la persona sólo tiene que encender el nuevo dispositivo, seleccionar algunas herramientas y listo, en pocos segundos tiene un aparato nuevo perfectamente funcional. Como si nada hubiese ocurrido.

En estos casos, se prioriza la relación en detrimento de la transacción. Es decir, al usuario no le importa gastar dinero, con tal de mantener su *statu quo* tecnológico, que sus contraseñas sigan siendo las mismas, que sus fotos se mantengan en el mismo lugar, que sus contactos no se pierdan, etcétera. Es un proceso que ha tomado muchos años, pero poco a poco ha ido perfeccionándose. Hoy en día, la sincronización entre un aparato y otro es casi inmediata, por lo que adquirir un nuevo dispositivo o reemplazar uno ya no implica un problema como antes.

Además obliga a las empresas a tener un conocimiento profundo sobre el comportamiento de su consumidor: tiene que saber por qué compra lo que compra y por qué compra como compra, cómo toma sus decisiones, qué lo motiva y cuáles son sus prioridades. Sólo así puede ofrecer un producto de calidad y saber que el cliente lo volverá a adquirir cuando su vida útil termine.

Y ahí es donde está el mayor reto de las compañías que utilizan la obsolescencia programada: establecer esa percepción de valor en sus clientes, de modo que no lo piensen ni dos veces a la hora de reemplazar un aparato. Ahí hay una oportunidad de negocio: ayudar a las empresas de tecnología a crear una estrategia para lograr esa percepción de valor y que así puedan continuar fabricando productos con obsolescencia programada, con la tranquilidad de que sus clientes volverán a comprarles.

AYUDA A LA GENTE A ENTENDER EL MUNDO CRIPTO
Criptomonedas
Porque alguien tiene que tender el puente entre la moneda digital y el mundo real

> **Idea:** ofrecer *advisory* para integrar la tokenización al mundo legal real.
> **Mercado:** *B2B, B2C.*
> **Addressable market:** empresas y público en general.
> **Readiness:** alto.
> **Inversión:** baja.

Se ha hablado mucho de que las criptomonedas son el futuro de la economía, pero aún hay mucha controversia. Bitcoin, Ether y muchos otros tókenes utilizan tecnología *blockchain*, la cual, entre otras cosas, facilita el proceso de registro de transacciones y de seguimiento de activos en cualquier red de negocios. Esto permite, entre otras cosas, reducir el riesgo y los costos por transacción, pues elimina los intermediarios como los bancos y los contadores. Su labor es prescindible, puesto que el *blockchain* es prácticamente un libro de contabilidad digital público e inalterable, en el que se indican todas las transacciones: pedidos, pagos, cuentas, detalles de producción y mucho más.

Aún no estamos seguros del alcance que esto pueda llegar a tener. Personalmente, considero que todavía hay un hueco importante: no sabemos cómo digitalizar el mundo legal de la moneda física. Y en ese hueco yacen grandes oportunidades de negocio. Yo, en tu lugar, buscaría la manera de entrarle al tema. Puedes, por ejemplo, crear una especie de fideicomiso que funja como garantía. Decir algo como: «recibo la escritura y la acredita a estos tókenes» y que eso quede registrado en *blockchain*. No lo sé exactamente, pues, como he dicho, es un sector que aún es nebuloso, pero en medio de esa niebla lo que sí es claro es que hay un campo de oportunidad, pues es indudable que vamos hacia el universo cripto.

TOMA EL ROL DE PROPIETARIO
Arrendamiento de propiedades
Porque lo bueno de tener un inmueble es que te rente

> **Idea:** arrendar propiedades de terceros.
> **Mercado:** *B2B*.
> **Addressable market:** propietarios de inmuebles que quieren rentar su propiedad con el menor esfuerzo posible.
> **Readiness:** alto.
> **Inversión:** alta.

El mercado inmobiliario no anda muy bien que digamos en México. Y si te vas a latitudes específicas como Puebla, la Ciudad de México y demás, te das cuenta de que hay una buena cantidad de inventario terminado, pero que los desarrolladores no saben qué hacer con él. Por eso, me parece una buena idea lo que empresas como Belong Home están haciendo. Ésta es una compañía estadounidense que se dedica a prestar servicios de arrendamiento a los propietarios. Es decir, tú como dueño no tienes que hacer nada. La empresa se encarga de conseguir inquilinos, de cobrar las rentas y de hacer toda la gestión; incluso, en algunos casos, se dedican a remodelar los inmuebles para que se vean y funcionen bien. A ti te pagan únicamente el porcentaje convenido y ellos se encargan de todo lo demás.

Esto es muy interesante porque así el propietario ya no tiene que estar lidiando con los problemas que implica el arrendamiento de una propiedad; después de todo, hay que considerar que muchos dueños de inmuebles no se dedican a eso ni tienen el tiempo ni la disciplina, ni mucho menos las ganas que se requieren para sacarle el máximo provecho a su propiedad. Porque para arrendar no tienes únicamente que contar con la propiedad a arrendar: debes invertir en ella, arreglarla, gestionarla, anunciarla para que se rente, cobrar la renta, atender los reclamos del inquilino, lidiar con los inquilinos morosos, atender cuestiones legales, llevar la administración y un largo etcétera.

De ahí que propuestas como Belong Home sean tan útiles y rentables, pues permiten que el propietario se desentienda de la parte «aburridora» del asunto y le saque provecho a su propiedad con la tranquilidad de que, mes con mes, va a recibir su porcentaje de la renta, aun si el inmueble no está ocupado, pues el riesgo lo asume la compañía. Personalmente creo que ésta es una idea brillante y muy redituable. Si te interesa el tema inmobiliario y tienes cómo y con qué, te recomiendo que le des una pensada a esta idea. Quizá encuentres en ella tu próxima gran oportunidad de negocio.

INVENTA EL MEJOR REGALO CORPORATIVO
Regalos personalizados para clientes
Porque agradecer es muy fácil (y rentable)

Idea: regalos corporativos personalizados.
Mercado: *B2B.*
Addressable market: empresas, laboratorios médicos, centros de salud, oficinas.
Readiness: alto.
Inversión: alta.

Hay ocasiones en que surgen ideas que a simple vista no parecen espectaculares y terminan siendo casos de éxito impresionantes. Esto ocurre porque, muchas veces, estas ideas resuelven problemas que se antojan insignificantes o que no se identifican fácilmente. En estos casos, el negocio funciona porque soluciona una necesidad concreta y es así como encuentra su nicho.

Ése parece ser el caso de todo un sector que está orientado a hacer regalos personalizados para empresas. Los ingresos de este negocio han ido en aumento, incluso a pesar de la pandemia y el trabajo desde casa. Al parecer, los regalos corporativos han funcionado como un sustituto de todas esas actividades que fomentaban la interacción social en los espacios de trabajo y que forman parte integral de cualquier empresa. Con el confinamiento se acabaron las salidas a comer, los descansos para ir a tomar café, los chismes en el pasillo o junto al dispensador de agua. Para compensar de alguna forma, están los regalos personalizados, los cuales permiten mantener esa cercanía que se ha perdido por el confinamiento y el distanciamiento social.

Uno de los negocios que mejor ejemplifican esto es Sendoso, una plataforma de obsequios personalizados bastante popular, enfocada, sobre todo, en el sector empresarial. En pocos palabras, Sendoso se dedica a comercializar esos regalos de oficina que se dan durante los intercambios de fin de año, las fiestas de cumpleaños y los eventos corporativos.

Resulta que esta empresa ha recibido financiamiento por 100 millones de dólares por parte de SoftBank, que lidera la serie C de financiación, por encima de otros patrocinadores como Oak HC/FT, Struck Capital, Stage 2 Capital, Craft Ventures, Signia Venture Partners y Felicis Ventures.

En lo personal, me parece impresionante que se le esté inyectando tanto dinero a una empresa que se dedica a hacer regalos personalizados, pero para allá va el dinero, lo que quiere decir que todas estas personas y compañías que están invirtiendo están viendo algo que nosotros no. Aunque, pensándolo bien, tampoco es tan descabellado. Los regalos personalizados son un recurso muy empleado por las empresas porque hace que la marca sea mucho más memorable. Es una forma inteligente, barata y simple de agradecer a los socios, empleados y clientes, dando presencia a la marca, promoviendo la integración de la plantilla laboral y el sentido de pertenencia, fortaleciendo las relaciones comerciales y, lo más importante, ayudando a insertar la marca en la mente de los clientes.

Lo veas o no, es claro que ahí existe una gran oportunidad de negocio. Además, si se hace como marketing, puede funcionar bastante bien. Tú decides.

VENDE TU PASADO
Consulting
Porque todo el mundo valora un buen consejo

Idea: asesoría especializada en sectores de negocio.
Mercado: *B2B, B2C.*
Addressable market: empresas y público en general.
Readiness: alto.
Inversión: baja.

Si hay algo que está dejando mucho dinero en este momento es todo lo relacionado con el *advisory* o asesoramiento. Me refiero a la labor de aquellas personas que ayudan a otras a ganar más dinero. En realidad no es algo tan complicado. Hay mucha gente que tiene el *know how* para hacer negocios y conoce lo suficientemente bien cierta industria o cierto mercado para saber en qué vale la pena invertir y de qué modo.

Si tú eres una de esas personas y tienes dos dedos de frente, te aseguro que puedes armar un buen plan de consultoría y conseguir clientes que te paguen buen dinero. De por sí ya hay mucha gente que se dedica a eso: a vender planes estructurados de estrategias de negocios. Esto es, guías que indican de forma detallada qué debe hacer un determinado cliente para cumplir sus metas, atraer más clientes y tener éxito en un negocio relacionado con un sector específico.

Pienso que es una buena oportunidad, sobre todo si eres alguien que cuenta con experiencia, conocimiento y éxito comprobados en cierto sector o industria. Lo único que se requiere para comenzar es el primer cliente; alguien que crea en ti y esté dispuesto a pagarte por tu asesoría, lo cual no te será difícil de encontrar si has pasado varios años en una industria y tienes contactos y un cierto nombre. Además, el modelo da para mucho: puedes tener un sistema de pago por asesoría, o un esquema mensual o anual, por ejemplo, y puedes combinar este negocio con muchos otros. En suma, es algo muy rentable sobre todo si te enfocas en un microsegmento de mercado para vender tus servicios. Si tienes el conocimiento y los contactos yo no lo pensaría dos veces.

CONTROLA EL SISTEMA OPERATIVO
DE LAS EMPRESAS
Asistencia en la operación de Microsoft Office
Porque no hay negocio que subsista sin Excel

Idea: ofrecer soporte técnico para el paquete de Microsoft Office.
Mercado: *B2B*.
Addressable market: empresas que requieren de especialistas que aumenten su productividad y les brinden ventajas competitivas.
Readiness: alto.
Inversión: baja.

Uno de los trabajos mejor pagados actualmente es el de especialista de soporte técnico para Office. En Estados Unidos, una persona dedicada a eso cobra actualmente entre 66 000 y 80 000 dólares al año. En México, un puesto similar llega a cobrar entre 15 000 y 20 000 pesos mensuales. Sé que la brecha salarial entre un país y el otro es muy grande, pero si consideramos el contexto de los salarios en México, me parece que es un sueldo bastante aceptable.

Tener uno o varios especialistas de este tipo en una empresa es indispensable. Su labor aumenta la productividad, ya que sus habilidades le permiten participar en una variedad de tareas: procesamiento de textos, soporte de ingreso de datos, apoyo administrativo, diseño de presentaciones e informes, preparación de hojas de cálculo, gestión de mensajería electrónica y el análisis de conjunto de datos, por nombrar algunos. En pocas palabras, es la primera línea de atención de cualquier cosa relacionada con los programas de Microsoft.

Para ser un especialista de este tipo, una persona debe obtener una certificación de Microsoft Office, la cual lo acredita como experto en ese software. Si eres informático o tienes cómo organizar gente que lo sea para prestar este servicio de forma independiente, creo que sería una excelente idea de negocio, pues, como te digo, esta labor es indispensable en cualquier empresa, sin importar el sector, el mercado o su tamaño.

NO LES DES EL PESCADO, ENSÉÑALES A PESCAR
Talleres para el desarrollo de aplicaciones móviles
Porque muy pronto todas las empresas necesitarán su propia app

Idea: crear una escuela o impartir talleres independientes para que las empresas puedan desarrollar sus propias aplicaciones móviles.
Mercado: *B2B*.
Addressable market: empresas que requieren aplicaciones que aumenten su productividad. *Startups*, pequeñas y medianas empresas, negocios locales, despachos, consultorios, profesionistas.
Readiness: alto.
Inversión: baja.

Ahora que nuestros dispositivos móviles se han convertido en una parte fundamental de nuestras vidas, las aplicaciones se han vuelto igualmente indispensables. Hoy en día casi todo el mundo usa las aplicaciones móviles para algo: ya sea para jugar, pedir comida, leer noticias o navegar en sus redes sociales. De ahí que cada vez haya más empresas desarrollando apps para atraer más clientes, aumentar sus ventas y mantener a su audiencia comprometida.

Todos los negocios pueden beneficiarse de tener su propia aplicación, pero me parece que aún más las empresas pequeñas y emergentes, pues es una forma muy eficiente de despegar y lograr la escalabilidad. En ese sentido, pienso que una buena oportunidad de negocio sería inventarse una especie de escuela o de talleres independientes y económicos donde la gente pudiera aprender a desarrollar sus propias aplicaciones, con base en las necesidades específicas de su negocio. Sin importar si el interesado es un despacho de abogados, una farmacia o una empresa que venda globos, todo el mundo podría beneficiarse de una app. La gente lo sabe, hay un buen mercado para ello y por eso pienso que es una buena oportunidad de negocio.

ADOPTA UN TURISTA
Asistente personalizado de extranjería
Porque, en el fondo, todo extranjero quiere sentirse en casa

Idea: ofrecer asistencia integral para extranjeros.
Mercado: *B2B*.
Addressable market: empresarios extranjeros, turistas.
Readiness: alto.
Inversión: baja.

Ésta parecerá una idea extraña, pero es muy buena. Consiste en ofrecer servicios de asistencia integral a extranjeros. Básicamente se trata de brindarles ayuda a los extranjeros para resolver cualquier situación en sus procesos legales: pueden ser desde cosas muy básicas como traducción, guía de turistas y acompañamiento, hasta ayuda con trámites, pago de servicios, contrato de seguros, etcétera. Puede agregarse valor al negocio dando clases de español y mentorías. Se puede incluso desarrollar una plataforma para contratar los servicios o aplicaciones que puedan complementar tus funciones: por ejemplo, formatos en PDF descargables para los extranjeros que requieren hacer trámites, u ofertas de departamentos en alquiler, o cualquier cosa que consideres que le puede dar una atención más integral a tus clientes.

HAZTE LADRÓN DE IDEAS
Upscale de productos
Porque las ideas originales están sobrevaloradas

> Idea: tomar un producto que ya funciona y mejorarlo.
> Mercado: *B2C.*
> Addressable market: público en general.
> Readiness: alto.
> Inversión: baja.

Solemos creer que la originalidad es la clave del éxito, pero no siempre es así. Se puede triunfar sin tener una idea original, simplemente a base de trabajo y esfuerzo. De hecho, las ideas originales no siempre despegan; es muy común que se estrellen contra la pared y, si no lo hacen, generalmente su éxito está precedido por un doloroso proceso de prueba y error. Si esto te suena largo y frustrante es porque lo es. Hay un camino alterno, un atajo que te puede llevar a alcanzar el éxito más rápidamente: tomar una idea ya probada y modificarla lo justo para que no te acusen de robo y puedas sacar provecho. No sólo acortas trecho, sino que reduces la probabilidad de fracasar.

Lo que te estoy sugiriendo no es nada nuevo. En realidad, muchos de los activos más rentables hoy por hoy son variaciones de otros productos. Pertenecen a compañías que han tomado algo que ya funciona y le agregan algo más para hacerlo más atractivo y funcional para nuestros días. Tomemos el caso de los audífonos, por ejemplo. Es un producto que funciona desde hace mucho y que tiene alta demanda. Un día a alguien se le ocurrió ponerle Bluetooth y hacerlos inalámbricos y entonces ¡boom!, ocurrió la magia. ¿Me entiendes lo que digo? No hace falta tener una idea original, sino un buen enfoque, un nuevo punto de vista, un cambio de perspectiva sobre lo mismo. El secreto está en ver cómo le agregas atractivo a un producto que ya existe. Y si con eso puedes conquistar a un público con mayor poder adquisitivo, todavía mejor.

CONVIÉRTETE EN UN CARROÑERO DE INMUEBLES
Reacondicionamiento de propiedades abandonadas
Porque en los escombros también crece la hierba

Idea: tomar espacios abandonados y reacondicionarlos.
Mercado: *B2B* .
Addressable market: propietarios de inmuebles abandonados; negocios de todo tipo; pequeñas empresas que buscan espacios económicos para emprender.
Readiness: alto.
Inversión: baja.

Es común que en las grandes ciudades proliferen los espacios abandonados, pero es innegable que con la pandemia que vivimos en 2020 este número se ha multiplicado. Aún no existe una estadística certera que nos permita vislumbrar el porcentaje de espacios que han quedado desocupados, pero un estudio reciente de la UNAM arroja que el número de viviendas deshabitadas ha alcanzado cifras superiores a los ocho millones, lo que representa casi la cuarta parte del total en el país.

La pregunta obvia es: ¿qué ocurrirá con todos esos locales, oficinas, talleres, consultorios y demás espacios comerciales que fueron abandonados o están a punto de cerrar? Pero una pregunta más interesante para mí es: ¿qué oportunidad de negocio puede haber ahí? Personalmente creo que muchas. Una de ellas sería detectar estos lugares, contactar con sus dueños y reacondicionarlos para darles un nuevo uso. Es decir, hacer una especie de *flip* inmobiliario, pero orientado al sector comercial.

En Estados Unidos y otras partes del mundo hay varias iniciativas que están renovando espacios abandonados tras el covid-19. Algunos se han reacondicionado como centros de salud o educativos. En México me parece que no hay algo semejante todavía, así que hay un campo fértil que puede explorarse. Además, es bastante útil para la comunidad, porque son espacios que si permanecen abandonados durante mucho tiempo se pueden volver un nido de actividades ilegales. En cambio, si se rehabilitan pueden favorecer a la comunidad de muchas maneras. Como muchos de ellos ya tienen infraestructura comercial, sería cuestión de hablar con los dueños, llegar a acuerdos de renta variable y sacarlos adelante, cual si fueras un carroñero de activos. Porque alguien va a terminar beneficiándose de esto. Entonces, ¿por qué no tú?

VENDE NEGOCIOS DE *E-COMMERCE*
Mercado electrónico
Porque para qué arruinar lo que ya funciona

Idea: vender negocios de *e-commerce*.
Mercado: *B2C*.
Addressable market: emprendedores que quieren incursionar en el comercio electrónico, pero no quieren comenzar desde cero.
Readiness: alto.
Inversión: baja.

Quizá hayas oído hablar del Exchange Marketplace de Shopify, una plataforma donde los empresarios venden sus sitios web de *e-commerce* como si fueran cualquier otro producto. El sitio presenta más de tres mil tiendas, todas de Shopify, y varias más se agregan todos los días. Si consideramos que hay más de quinientos mil negocios de Shopify en todo el mundo, tres mil suena poco, pero es más que suficiente para comenzar.

Lo que es interesante de un *marketplace* como éste es que, antes de comprar, el comprador ya sabe cuáles son los ingresos reales, de dónde vienen, cuánto han facturado, qué productos están fuertes, qué registran, etcétera. Y lo mejor de todo es que los múltiplos a los que están vendiendo estos negocios son una verdadera locura. Hay desde 3000 dólares hasta 500000 dólares. Es una excelente idea para quienes se dedican a hacer el *flip* de negocios, es decir, a comprar barato y vender caro, pues pueden conseguir compañías de comercio electrónico que ya funcionan bien y son rentables. También es una buena oportunidad para todos aquellos emprendedores que quieren incursionar en el mundo del *e-commerce*, pero no quieren empezar desde cero, sino con una compañía que tenga definidos el nombre, el concepto, el diseño y desarrollo de productos.

La oportunidad de negocio que veo para ti consiste en encontrar páginas de *shopping* que ya tengan mercado y venderlas; en este caso, ya no se trata de construir otro *marketplace*, sino de vender las páginas directamente. Al final, lo que la gente quiere es que alguien les resuelva el problema del arranque, y tú lo estarías haciendo sin ensuciarte las manos.

CELEBRA TU INVERSIÓN CON EL MEJOR VINO
Inversión en vino
Porque el dinero y el buen trago hacen un maridaje perfecto

> **Idea:** invertir en vino.
> **Mercado:** *B2C*.
> **Addressable market:** personas que quieran diversificar su portafolio de inversiones.
> **Readiness:** alto.
> **Inversión:** alta.

Hace algunos años la inversión en vinos estaba reservada para los muy pudientes, pero desde hace algún tiempo ese paradigma viene cambiando, gracias, en gran parte, al avance de la tecnología que ha permitido democratizar este sector.

Actualmente, existen muchas plataformas que te permiten invertir en vinos como activos, generando rendimientos de hasta 10.6% anual. De acuerdo con la consultora de inversiones Knight Frank, el vino fino se ha apreciado 127% durante los últimos diez años, superando otras opciones de inversión como bolsos de lujo, diamantes de colores, obras de arte de primer nivel y muebles raros. Pero más allá de los rendimientos, la inversión en vinos finos puede traer otros beneficios. Por nombrar un par: es de baja volatilidad y su inversión es resistente a la recesión y a la inflación.

El comportamiento de los vinos no es semejante al de otros activos. Por ejemplo, en el mercado de valores, los rendimientos fluctúan en función de muchos factores, como las ganancias de una empresa. En cambio, los precios de los vinos se mueven en función de los rendimientos anuales de la cosecha, los gustos de los consumidores, el clima y, por supuesto, su inminente escasez, pues la gente suele beberse el vino de las buenas cosechas, lo que hace que cada vez haya menos.

Ahora bien, esta inversión también tiene sus complejidades. Una de ellas es que hay que tener el conocimiento necesario para invertir en este tipo de activos, pues puede ser complicado para quien no sabe mucho de vinos. Si ése no es tu caso puedes asesorarte con agentes en el mercado que conocen muy bien los pormenores y pueden brindarte una excelente asesoría.

Otra cosa que hay que tener en cuenta es el almacenamiento de los vinos en los que inviertas. Tener una cava implica un gasto considerable, pero es indispensable para la correcta conservación del vino. Como alternativa, puedes almacenar tus botellas en instalaciones especializadas hasta que el vino alcance su madurez. El costo es considerablemente más bajo que lo que podría suponer la construcción y mantenimiento de una cava en casa. Adicionalmente debes considerar los gastos de envío, autenticación y seguro, para proteger la inversión, ya que las botellas pueden romperse.

En cualquier caso creo que ésta es una excelente oportunidad para diversificar nuestro portafolio de inversiones, de modo que si esto es algo que te interesa, aquí te comparto tres formas en que puedes hacer una inversión en vino:

1. Comprando botellas por tu cuenta, lo que supone correr con los gastos de almacenamiento, envío, autenticación y seguro. Para hacerlo debes dedicar tiempo y tener ciertos conocimientos del mercado.
2. Comprando acciones de vinos. En este caso, se puede poner tu dinero en fondos de vino individuales o en acciones de vino.
3. Mediante plataformas de inversión, las cuales se encargan de manejar la compra y venta de vino, así como del almacenamiento, la autenticación, el seguro y la detección de fraudes. Estas plataformas permiten tanto a los recién llegados como a los verdaderos conocedores crear una cartera diversificada de vinos de primer nivel. Entre las plataformas más conocidas tenemos a Liv-Ex, un *marketplace* con más de quinientos miembros, que van desde *startups* hasta comerciantes de alto nivel. Otra más reciente es Vinobest. El nivel de entrada de inversión varía y depende mucho de cada persona, sus expectativas y el dinero con el que cuenta para invertir. No obstante, con un buen agente de inversiones o un poco de conocimiento sobre el mercado, es posible iniciar con una pequeña suma.

¡Salud!

NO JUZGUES A LAS PAREJAS SIN HIJOS, MEJOR VÉNDELES COSAS
Productos y servicios para las parejas sin niños
Porque todos tenemos que gastarnos el dinero en algo

Idea: generar ideas de negocios para el segmento DINK (*double income, no kids*).
Mercado: *B2C.*
Addressable market: parejas sin hijos.
Readiness: alto.
Inversión: alta.

En Estados Unidos hay un índice conocido como DINK, un acrónimo para *double income, no kids.* Se refiere a las parejas sin hijos que viven en un mismo hogar y que con frecuencia cuentan con más ingresos disponibles, porque no tienen los gastos adicionales de ser padres. También suelen gastar menos que los solteros que viven por su cuenta, porque, como pareja, comparten gastos. Existe una amplia gama de DINK: recién casados, parejas gay, incluso parejas adultas cuyos hijos ya han dejado el hogar.

En el caso específico de las parejas jóvenes sin hijos, acabamos de tener el porcentaje más grande de la historia: cerca de 44% de los jóvenes entre 18 y 30 años no quiere tener hijos. Y esto es muy importante considerarlo cuando somos emprendedores. Existen muchas ramificaciones que podemos aprovechar como ideas de negocio en diferentes sectores a partir de ahí. Uno de ellos es el inmobiliario, porque esto va a determinar las preferencias de espacios en el futuro: departamentos más pequeños, en espacios urbanos, con servicios agregados como gimnasios, bares, *roof gardens*, etcétera. Pero también se puede emplear esta información para el marketing o para determinar tendencias de consumo de otros segmentos. Si yo fuera tú, vería cómo puedo utilizar esta tendencia para generar negocios pensando en ese segmento de la población que dispone de dinero para gastar y no tiene hijos en quiénes gastarlo.

CAPITALIZA EL *HOME OFFICE*
Productos y servicios para el trabajo en remoto
Porque trabajar desde casa ya no es un lujo

> **Idea:** productos y servicios enfocados en el trabajo desde casa.
> **Mercado:** *B2C, B2B*.
> **Addressable market:** empresas privadas, empresas púbicas.
> **Readiness:** alto.
> **Inversión:** alta.

Una tendencia importante en los últimos años a nivel laboral ha sido el trabajo desde casa. Cuando analizas las tendencias, te das cuenta de que no fue una cosa puntual, sino que esta modalidad de trabajo está aquí para quedarse, ya sea por decisión personal o porque las mismas empresas se dieron cuenta de que les resulta más productivo y económico trabajar de ese modo. Por supuesto, el porcentaje varía mucho, dependiendo de quién haga las encuestas y al segmento de la población que se le pregunte. Pero he visto estadísticas que indican que los números rondan el 20% y hay otras que indican que hasta 40 por ciento. Lo que es innegable es que sí hay un cambio de paradigma con respecto a esto luego de la pandemia. Un cambio que trae consigo grandes retos y por lo mismo grandes oportunidades.

Por un lado, falta mucha cultura organizacional, sobre todo enfocada en lo virtual. Antes lográbamos cohesión de equipos de trabajo mediante retiros y actividades lúdicas y demás. Ahora el tema es hacer *team building*, pero en virtual.

Otro reto es cómo acoplar los espacios de trabajo en casa. Hay gente a la que le va bien, sabe organizarse e incluso trabajar desde casa mejora su calidad de vida. Pero hay otros que nomás no dan una. Y eso da para mucho. Se le puede sacar mucho jugo a todo ese fenómeno.

Por otro lado, también está el sector público. Hay mucha gente que trabaja para el gobierno, y que se ha dado cuenta de que puede ser más productiva laborando desde casa. Pero, como suele suceder, el gobierno viene como dos pasos atrás de la iniciativa privada, y trae mucho este concepto de checar tarjeta y de que la productividad es menos prioritaria que ver al trabajador ocupando un lugar. Se puede hacer mucho tratando de ayudar a que las oficinas de gobierno migren, pero necesitan alternativas, necesitan redes de seguridad.

Creo que estamos todavía en el proceso de transición y definitivamente es un gran reto, pero si ves por dónde colarte y ayudar en ese proceso, justamente creo que te va a ir muy bien.

IDENTIFICA EL FALLO
Auditoría integral para empresas
Porque peor que estar enfermo es no saber de qué

Idea: ofrecer auditoría integral para empresas.
Mercado: *B2B*.
Addressable market: empresas en general.
Readiness: alto.
Inversión: baja.

Hay muchas personas que han trabajado en diferentes industrias y cuentan con el conocimiento y experiencia necesarios para saber si algo está bien o mal hecho en su campo de *expertise*. Al mismo tiempo hay muchas empresas que estarían encantadas de pagarles a esas personas para obtener su opinión sobre si están haciendo las cosas bien. Viendo estas dos caras de la moneda, creo que una buena idea sería armar un equipo de expertos en diferentes áreas y ofrecer servicios de auditoría a las empresas para evaluar si los servicios que les prestan otras empresas son adecuados y señalar las áreas de mejora.

La auditoría se haría sobre los servicios que la empresa ha contratado en el pasado y el objetivo sería determinar si están funcionando. Al final, les entregarías un reporte donde explicarías si el servicio que contrataron es adecuado y funcional, o, por el contrario, indicarías lo que está mal y por qué. En este último caso, también podrías ofrecer arreglar el problema por un costo extra.

Creo que existe un buen mercado para algo así porque hay muchas empresas que no saben qué es lo que está fallando en sus modelos de negocios, o que acaban de invertir una buena cantidad de dinero en implementar una nueva herramienta, pero no saben si está funcionando como debería o si el proveedor les vio la cara y les hizo un mal trabajo. Si logras armar un equipo que te permita evaluar la empresa desde diversos puntos de vista puedes hacerlo de forma integral, lo que sería de gran valor para los negocios y les ahorraría tiempo y dinero.

Nota final

¿Te acuerdas de la película original de *Matrix*? Al final Neo regresa a la realidad simulada y puede ver todo en código. Absolutamente todo. Más allá de la realidad sensorial que todos perciben, él puede ver cómo está fabricada esta realidad. Eso es lo que espero te haya ocurrido con este libro. Que te hayas dejado contagiar por la grandilocuencia de estas ideas y hayas ampliado tu rango de visión. Que de ahora en adelante veas oportunidades en todas partes y sepas que es posible convertir las ideas en grandes negocios.

Si ninguna de las ideas del libro te resonó, despreocúpate, el simple código que ahora ves te permitirá acceder constantemente a nuevas oportunidades.

El propósito de presentarte 100 ideas de negocio así, una tras otra, sin piedad, era retar tu noción de que hay una cantidad limitada de posibilidades para innovar. Era ampliar tu visión de negocio y despertar tu ADN de emprendedor.

Ahora que lo has hecho y que estás listo para implementar alguna nueva idea, quiero que te vayas con esta frase bien grabada:

SUEÑA EN GRANDE. EMPIEZA EN PEQUEÑO. ACTÚA AHORA

1. Sueña en grande

No conviertas las ideas que te he presentado en una camisa de fuerza. Siéntete libre de explorar alrededor de lo que te he expuesto y busca que la idea elegida esté cobijada por un propósito mucho más grande. Es decir, que tu negocio sea un eslabón en una cadena de negocios, así dejas espacio para crecer. Si además tu idea está asociada a una misión más grande con la que otras personas puedan empatizar, aún mejor. No es lo mismo decir que vas a poner un negocio de venta de carne vegana, a decir que, al hacerlo, estás creando un movimiento de alimentación saludable para mejorar la salud de millones de mexicanos. Recuerda que cuanto más grande sea el sueño que persigas, más fácil será atraer talento y provocar un interés del mundo.

2. Empieza en pequeño

Enamórate de la idea, pero no te gastes todos tus pesos en ella. Experimenta, recoge datos, haz pretotipos y prototipos. Invierte poco a poco y ve incrementando según la respuesta que vayas encontrando. Recuerda que un buen emprendedor no invierte en ideas, sino en buenos datos. Un mentor me decía: cuando te guste la idea, gasta 500 dólares en ella. Si con ese gasto salen nuevos datos que confirman tu interés, entonces desembolsa 5 000. Y si sigues avanzando, entonces invierte 50 000 y finalmente 500 000. Ve haciendo inversiones progresivas. Empieza en pequeño y crece a partir de ahí.

3. Actúa ahora

Conozco a cientos de personas con intenciones de poner un negocio, pero jamás lo hacen. Cuando les pregunto por qué, suelen responder que aún hay tiempo, que no hay prisa. Déjame decírtelo claramente: deja de mentirte, deja de decirte que tienes tiempo. El momento es ahora. Si verdaderamente crees que puedes ser parte del 9% de los emprendedores que mueven el mundo, entonces tienes que actuar ahora.

En abril de 2022, durante un evento que se llamó 24 Challenge, arranqué un negocio en veinticuatro horas. Quisiera que hicieras lo mismo que yo. Actúa inmediatamente y de forma acelerada. Me lo vas a agradecer después.

Es más, tengo tantas ganas de que inicies, que voy a hacerte un regalo. Si publicas un tweet y me mencionas (@soymaster munoz) o una historia en Instagram donde me etiquetes (@mastermunozoficial) con el hashtag #actuaahora, me voy a encargar de responder las dudas que tengas en ese momento para iniciar.

Nos leemos pronto por allá.

BONUS

Tres claves del emprendedor exitoso

1. Conviértete en un productor serial de ideas de negocio

Debes llevar varios negocios en la cabeza. Siempre. No te quedes atorado en un negocio esperando que sea exitoso o millonario. Más bien, construye una cadena o serie de negocios que despierte la creación de nuevas ideas. Yo jamás he tenido una sola idea trillonaria de negocio. Ya sabes que no se me ha ocurrido lanzar el siguiente Uber o Facebook. Mis negocios parten de ideas simples pero bien ejecutadas, los cuales generan una cadena de negocios interconectados que se alimentan unos a otros. La clave está en pensar en cuatro o cinco ideas que tengan que ver la una con la otra. En esa interconexión está el poder, pues al final cada negocio se convierte en un eslabón de la misma cadena.

2. Vive con un pie en el futuro

En una entrevista, le preguntaron a Jeff Bezos, fundador de Amazon, qué hacía todos los días en su empresa si ya tenía equipos para encargarse de todo. Bezos respondió que su día a día no sucede en el presente, sino en el año

2030. Es decir, que él se dedica a pensar en lo que tendrán que gestionar sus equipos en diez o quince años, no ahora.

En la medida en que vayamos creando negocios rentables, fuertes y sólidos, tendremos la posibilidad, el espacio mental y la visión para imaginar y soñar con lo que pasará de aquí a un tiempo. A mí, los negocios o cadenas de negocios que he implementado me permiten proyectarme quizá a dentro de dos años. A Bezos, por todos los recursos que tiene y su gran capital, le es posible imaginarse lo que pasará dentro de una década o incluso dos; por eso es que ahora hasta está pensando en ir a Marte.

3. Experimenta de forma barata

La innovación tiene su origen en la generación de ideas, sin embargo, cuando se nos ocurren nuevas ideas de negocio, corremos el riesgo de creer que todas son millonarias, cuando en la vida real sucede todo lo contrario. La mayoría de nuestras ideas son mediocres o hasta malas. Por eso debes buscar la forma de experimentar con ellas de forma barata.

A mayor nivel de incertidumbre, menor deberá ser la inversión en la idea. Los recursos de la organización —o incluso tus recursos personales— deben estar destinados a las ideas que ya generan flujo de efectivo, en donde la incertidumbre sea menor. Las nuevas ideas deben ejecutarse e implementarse de forma creativa, con poco presupuesto, sin arriesgar capital.

Agradecimientos

Agradezco a todos mis socios y colaboradores de mis empresas, con quienes sigo buscando el siguiente negocio. En particular, agradezco a Ricardo Moreno, Nacho Torres, Capi Samano, Víctor Vega y Dan Fuentes, quienes son mis socios y además le dan vida al podcast *Donde está la oportunidad*, en donde se originó este libro.

Bibliografía

Anthony, S., Gilbert, C., y Johnson, M., *Dual Transformation: How to Reposition Today's Business While Creating the Future*, Harvard Business Review Press, 2017.

Berger, W., *The Book of Beautiful Questions: The Powerful Questions That Will Help You Decide, Create, Connect, and Lead*, Bloomsbury Publishing, 2018.

Bhargava, R., *Non Obvious Megatrends: How to See What Others Miss and Predict the Future*, Ideapress Publishing, 2020.

Chernev, A., *The Business Model: How to Develop New Products, Create Market Value and Make the Competition Irrelevant*, Cerebellum Press, 2017.

Cooper Ramo, J., *The Seventh Sense: Power, Fortune, and Survival in the Age of Networks*, Back Bay Books, 2018.

Dearlove, D., y Crainer, S., *Thinkers 50: Future Thinkers: New Thinking on Leadership, Strategy and Innovation for the 21st Century*, McGraw-Hill Companies, 2014.

Diamandis, P., y Kotler, S., *The Future Is Faster Than You Think: How Converging Technologies Are Transforming Business, Industries, and Our Lives*, Simon & Schuster, 2020.

Dudley, D., *This Is Day One: A Practical Guide to Leadership That Matters*, Hachette Books, 2018.

Eisenmann, T., *Why Startups Fail: A New Roadmap for Entrepreneurial Success*, Currency, 2021.

Erikson, T., *Surrounded by Idiots: The Four Types of Human Behavior and How to Effectively Communicate with Each in Business*, St. Martin's Essentials, 2019.

Govindarajan, V., *The Three-Box Solution: A Strategy for Leading Innovation*, Harvard Business Review Press, 2016.

Greene, R., *The Laws of Human Nature*, Viking, 2018.

Gutsche, J., *Create the Future + the Innovation Handbook: Tactics for Disruptive Thinking*, Fast Company, 2020.

Harari, Y. N., *21 Lessons for the 21st Century*, Random House, 2018.

Kolko, J., *Well-Designed: How to Use Empathy to Create Products People Love*, Harvard Business Review Press, 2014.

Konnikova, M., *The Biggest Bluff: How I Learned to Pay Attention, Master Myself, and Win*, Penguin Press, 2020.

Markman, A. B., *Open Innovation: Academic and Practical Perspectives on the Journey from Idea to Market*, Oxford University Press, 2016.

Maurya, A., *Scaling Lean*, Portfolio, 2016.

McKelvey, J., *The Innovation Stack: Building an Unbeatable Business One Crazy Idea at a Time*, Portfolio, 2020.

Rajamannar, R., *Quantum Marketing: Mastering the New Marketing Mindset for Tomorrow's Consumers*, HarperCollins, 2021.

Robb O'Hagan, S., *Extreme You: Step Up. Stand Out. Kick Ass. Repeat*, Harper Business, 2017.

Rosenblum, J., y Berg, J., *Friction: Passion Brands in the Age of Disruption*, powerHouse Books, 2017.

Ross, A., *The Industries of the Future*, Simon & Schuster, 2016.

Stanfill, T., *unReceptive: A Better Way to Sell, Lead, and Influence*, HarperCollins Leadership, 2021.

Teixeira, T., *Unlocking the Customer Value Chain: How Decoupling Drives Consumer Disruption*, Currency, 2019.

Thomke, S., *Experimentation Works: The Surprising Power of Business Experiments*, Harvard Business Review, 2020.

Trevor, J., Align: *A Leadership Blueprint for Aligning Enterprise Purpose, Strategy and Organisation*, Bloomsbury Business, 2019.

VV.AA., *Sitting Duck*, Technologypress, 2017.

VV.AA., *Propeller: Accelerating Change by Getting Accountability Right*, Portfolio, 2019.

Wunker, S., Wattman, J. y Farber, D., *Jobs to Be Done: A Roadmap for Customer-Centered Innovation*, Amacom, 2016.

100 ideas de negocios para arrancar hoy de Carlos Master Muñoz
se terminó de imprimir en agosto de 2022
en los talleres de
Litográfica Ingramex S.A. de C.V.,
Centeno 162-1, Col. Granjas Esmeralda, C.P. 09810,
Ciudad de México.